职业教育财经类
"十二五"规划教材

经济学及应用

Economics

金焕 蒋庆荣 主编

李义仑 隋维林 汤健雄 吴庆阳 副主编

人民邮电出版社
北京

图书在版编目（C I P）数据

经济学及应用 / 金焕，蒋庆荣主编. -- 北京 : 人
民邮电出版社，2014.8（2015.9重印）
职业教育财经类"十二五"规划教材
ISBN 978-7-115-36319-0

Ⅰ. ①经… Ⅱ. ①金… ②蒋… Ⅲ. ①经济学－高等
职业教育－教材 Ⅳ. ①F0

中国版本图书馆CIP数据核字(2014)第198594号

内 容 提 要

本书为国家级职业教育规划教材，根据高职高专市场营销专业教学实际编写。本书主要内容包括认识经济学、价格是如何决定的、消费者决策、厂商决策、市场结构与厂商均衡、生产要素的分配、国民收入的核算与决定、失业与通货膨胀、宏观经济政策等九个项目，每个项目又分为若干个任务。

本书既可作为高职院校、成人高校管理类、经济类等相关专业的通用基础课教材，也可作为相关学科的教材以及企业管理人员的参考用书。

- ◆ 主　编　金　焕　蒋庆荣
　　责任编辑　马小霞
　　执行编辑　赖文华
　　责任印制　张佳莹　杨林杰
- ◆ 人民邮电出版社出版发行　北京市丰台区成寿寺路 11 号
　　邮编 100164　电子邮件 315@ptpress.com.cn
　　网址 http://www.ptpress.com.cn
　　大厂聚鑫印刷有限责任公司印刷
- ◆ 开本：787×1092　1/16
　　印张：13.25　　　　　　　　2014 年 8 月第 1 版
　　字数：274 千字　　　　　　2015 年 9 月河北第 2 次印刷

定价：35.00 元

读者服务热线：(010)81055256　印装质量热线：(010)81055316
反盗版热线：(010)81055315

经济学及应用课程是经管类相关专业的必修课，是学习相关课程的基础。本书以培养学生运用经济学基本原理，认识并分析社会经济现象为目标，简明、清晰地阐述了经济学的基本原理。该书基于把学生从经济学的纯理论分析和困难的数学模型中解脱出来为出发点，依照经济学内在的逻辑联系，采用"项目引领、任务驱动"的编写思路，本着"必需与够用"的原则，围绕日常生活中的社会经济现象，讲述如何应用经济学基本理论，解释经济现象。

本教材共分九大项目，项目一为认识经济学，重点介绍了什么是经济学以及经济学的研究内容；项目二～项目六为微观经济学的内容，介绍了价格是如何决定的、消费者决策、厂商决策、市场结构与厂商均衡、生产要素的分配；项目七～项目九为宏观经济学的内容，介绍了国民收入的核算与决定、失业与通货膨胀、宏观经济政策。每个项目分解为若干任务，每一任务由任务引入、相关知识、任务实施、知识链接、思考题五部分组成。在任务引入部分，给出需要分析的日常生活中的经济现象，并进行简要分析。在相关知识部分，给出完成任务所需要的专业知识和技能，在任务实施部分，给出解决任务的完整步骤或方法。知识链接部分，给出与任务相关的知识或理论，为读者进一步深入学习提供知识的拓展和延伸。在思考题部分，围绕项目需要掌握的重点知识和技能，精心筛选了适量的习题，供读者检测学习效果。

通过经济学认知及其他项目的学习，读者不仅能够掌握经济学的基本理论，认识社会经济现象，而且能够利用所学理论知识简要分析社会经济问题，从经济角度认识世界。

本书的参考学时为48～64学时，建议采用理论实践一体化教学模式，各项目的参考学时见下面的学时分配表。

项　目	课 程 内 容	学　时
项目一	认知经济学	2～4
项目二	价格是如何决定的	8～10
项目三	消费者决策	8～10
项目四	厂商决策	6～8
项目五	市场结构与厂商均衡	6～8
项目六	生产要素的分配	6～8
项目七	国民收入的核算与决定	6～8
项目八	失业与通货膨胀	2～4
项目九	宏观经济政策	2～4
课时总计		48～64

本书由珠海城市职业技术学院的金焕、蒋庆荣主编，广东青年职业学院李义仑、

广东女子职业技术学院汤健雄任副主编，牡丹江医学院经济管理学院方芳主审。其中由金焕统稿并编写了项目一，广东青年职业学校李义仑编写了项目二，广东鑫昌物流有限公司总经理夏国志编写了项目三，蒋庆荣编写了项目四，珠海城市职业技术学院曾宇编写了项目五，林柳林编写了项目六，方芳编写了项目七，广东女子职业技术学院汤健雄和广东社会科学大学吴庆阳编写了项目八，牡丹江大学隋维林编写了项目九。

由于时间仓促，编者水平和经验有限，书中难免有欠妥和错误之处，恳请读者批评指正。

编　者

2014 年 7 月

目 录

项目一　认识经济学 ··· 1

项目二　价格是如何决定的 ··· 10
　　任务一　均衡价格的决定 ······································ 10
　　任务二　价格的波动对供给和需求的影响 ··············· 24

项目三　消费者决策 ··· 39
　　任务一　如何衡量消费者的满足程度 ······················ 39
　　任务二　消费者如何进行商品购买才能实现最大满足 ··· 49

项目四　厂商决策 ··· 63
　　任务一　生产者的生产有哪几个阶段 ······················ 63
　　任务二　怎样做生产者成本最低 ····························· 70

项目五　市场结构与厂商均衡 ·· 76
　　任务一　完全竞争市场下厂商如何均衡 ··················· 76
　　任务二　垄断市场厂商如何均衡 ····························· 84
　　任务三　垄断竞争市场和寡头垄断市场厂商如何均衡 ··· 90

项目六　生产要素的分配 ··· 98
　　任务一　货币工资是如何决定的 ····························· 98
　　任务二　利率是如何决定的 ···································· 108
　　任务三　地租是如何决定的 ···································· 113
　　任务四　如何衡量收入分配的平等程度 ··················· 119

项目七　国民收入核算与决定 ·· 126
　　任务一　如何核算国民收入 ···································· 126
　　任务二　如何决定国民收入水平 ····························· 139

项目八　失业与通货膨胀 ··· 156
　　任务一　如何衡量失业 ··· 156
　　任务二　如何衡量通货膨胀 ···································· 168

项目九　宏观经济政策 ··· 180
　　任务一　财政政策怎样发挥作用 ····························· 180
　　任务二　货币政策怎样发挥作用 ····························· 193

1

项目一

认识经济学

能力目标

- 初步具备经济学的逻辑思维能力

知识目标

- 了解什么是经济学
- 了解经济学的研究内容

📖 任务引入

近年来，随着高校招生人数的增长和大学生整体消费水平的提高，各个高校宿舍区外的夜宵市场生意火爆。小商贩设摊，供应的夜宵不但品种非富，而且单价一般在 1～3 元，非常适合学生族消费。这些小吃摊造成了交通的堵塞，更重要的是乱丢垃圾，产生了严重的卫生问题，不利于市容建设，因此被有关方面视为"非法"。有关各方千方百计地对此加以限制，可是收效甚微。小吃摊现象不但没有消除反而愈演愈烈。为什么会出现这种现象？

试问：这种情况为什么存在，说明了什么问题？

⚡ 任务分析

经济学问题遍布于每一个角落，经济学现象时时刻刻在我们的身边发生着。盗版现象和马路小吃屡禁不止，一个人用仅有的钱去买香烟还是打车，一个学生中午是吃盒饭还是去网吧等现象都是在我们身边发生的经济学现象。这就要求我们要从经济学的角度去观察和分析。那么我们就要了解什么是经济学，经济学都包含哪些内容。

🔗 相关知识

一、经济学定义

经济学是研究个人、企业、政府和其他组织如何在社会内进行选择，以及这些选择如何决定社会稀缺资源的使用的科学。

要正确地理解这个定义我们就要认清资源稀缺的问题。

1. 资源的稀缺性

资源的稀缺性是指相对于人类社会的无穷欲望而言，经济物品，或者说生产这些物品所需要的资源总是不足的。这种资源的相对有限性就是稀缺性。这里所说的稀缺性，不是资源的绝对数量的多少，而是相对于人类社会需求的无限性来说，再多的资源也是不足的，所以，稀缺是相对的，但同时又是绝对的，稀缺性存在于人类社会的任何时期和一切社会。比如说，石油、水等都是稀缺资源，是相对于人类无限的欲望而言的，因为它们相对于人类的需求而言太少了。

从现实看，无论是贫穷的国家，还是富裕的国家，资源都是不足的。假定一个国家将全部资源只用于生产两种物品，衣服和食品。在资源既定的条件下，如果只生产衣服可以生产 15 万件，只生产食品可以生产 5 万吨。在这两种极端的可能性之间，还存在着衣服与食品生产量的不同数量组合。假设这个国家在解决衣服和食品的生产时提出了 A、B、C、D、E、F 六种组合方式，则可以做出表 1-1 所示的组合。

根据表 1-1，可以做出社会生产可能性曲线，如图 1-1 所示。

连接 A、B、C、D、E、F 点的 AF 线是在资源既定的条件下所能达到的衣服与食品最大产量的组合，被称为生产可能性边界。AF 线还表明了，多生产一单位衣服要放弃多少食品，或者相反，因此又被称为生产转换线。*AF* 线内的任何一点上，例如 *G* 点，衣服与食品的组合（6 万件衣服与 2 万吨食品），也是资源既定条件下所能达到的，但并不是最大数量组合，即资源没有得到充分利用。*AF* 线外任何一点上，例如 *H* 点，衣服与食品的组合（12 万件衣服和 4 万吨食品），是衣服与食品更大数量的组合，但在现有资源条件下无法实现。

表 1-1　衣服和食品的生产组合

可能性	食品（万吨）	衣服（万件）
A	0	15
B	1	14
C	2	12
D	3	9
E	4	5
F	5	0

2. 选择的问题

人们的欲望是无穷的，但用于满足人们各种各样的资源是稀缺性的，因此，人们时刻都必须做出选择。所谓选择就是如何利用既定的资源去生产经济物品，以便更好地满足人类需要。如在资源有限的前提下，一个社会针对大炮与黄油的矛盾，生产大炮还是黄油？生产多少？如何生产？如何分配？比如说一个工厂面临选择的问题，它是生产服装呢，还是生产食品呢？要生产 1 万件呢，还是生产 2 万件（假定它选择生产服装的话）？要用大机器生产，还是用手工生产等。

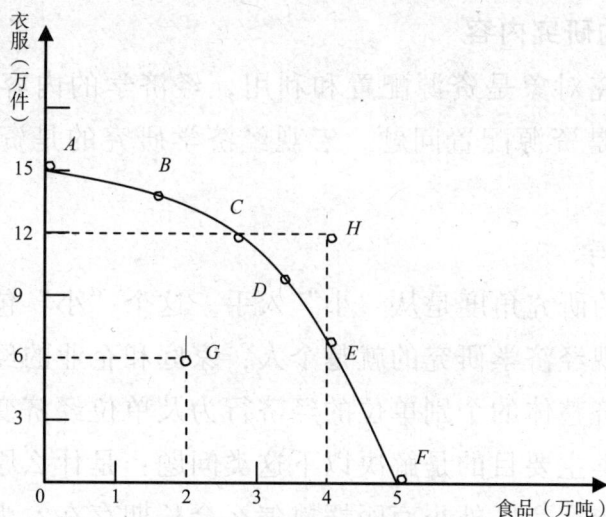

图 1-1　社会生产可能性曲线

3

稀缺性是人类社会各个时期和各个社会所面临的永恒问题，所以，选择问题，即"生产什么、如何生产和为谁生产"的问题就是人类社会所必须解决的基本问题，这三个问题被称为资源配置问题。

3. 资源利用

如何将稀缺的资源在商品和劳务的生产以及商品和劳务的消费中进行最有效的分配，并充分利用有限的资源，就成为经济学研究的重要课题。经济学的目标正是要实现资源配置最优化，并最大限度地利用有限的资源。

所谓资源利用就是人类社会如何更好地利用现有的稀缺资源，使之生产出更多的物品。资源利用包括以下三个问题。

第一，如何能使稀缺的资源得到充分利用，如何使大炮与黄油的产量最大。这就是一般所说的"充分就业"问题。

第二，现代社会是一个以货币为交换媒介的商品社会，货币购买力的变动对"大炮与黄油的矛盾"所引起的各种问题的解决都影响很大。这样，解决"大炮与黄油的矛盾"就必然涉及货币购买力的变动问题。

第三，在资源既定的情况下，为什么产量有时高有时低，即尽管资源没变，但大炮与黄油的产量为什么不能始终保持在生产可能线上。这也就是经济中为什么会有周期性波动。与此相关的是，如何用既定的资源生产出更多的大炮与黄油，即实现经济增长。这就是一般所说的"经济波动与经济增长"问题。

二、经济学的研究内容

经济学的研究对象是资源配置和利用，经济学的内容很广泛，其中微观经济学研究的是资源配置问题，宏观经济学研究的是资源利用问题，如图 1-2 所示。

1. 微观经济学

微观经济学的研究角度是从"小"入手。这个"小"包括个人，家庭，企业和组织。微观经济学研究的就是个人，家庭和企业的经济行为。微观经济学研究构成经济整体的个别单位的经济行为及单位经济变量的变动。举例来说，微观经济学主要目的是解决以下这类问题：是什么原因使得盗版现象屡禁不止呢？高校宿舍区外小商贩摆摊怎么会长期存在？为什么汽油价格上升会影响汽车的销售量？为什么某计算机厂家每月生产的计算机只有几万台而不是更多？为什么正版音像制品的成本比盗版的成本要高得多？为什么看一部美国大片的电影票要比看国产片的票价高？

2．宏观经济学

宏观经济学和微观经济学相反，宏观经济学研究的是整个社会经济活动的总图景、总因素、总体经济问题和经济变量中的总量。总体经济问题包括：经济如何稳定、增长，经济周期，通货膨胀，国家财政，国际收入和贸易差额等。经济总量包括国民收入、国民生产总值、全社会消费水平、总体物价水平、失业率等。

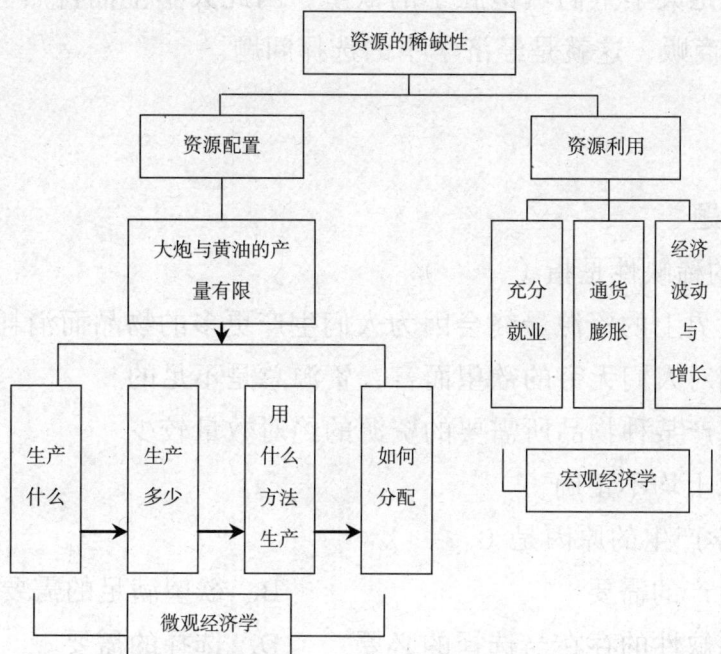

图 1-2 经济学的研究内容

从图 1-2 我们可以了解到微观经济学和宏观经济学的研究内容，而本书就是根据这些内容来确定各个模块的内容的。通过对消费者行为理论的研究来决定生产什么；根据供求理论的研究决定生产多少；根据厂商理论和市场理论决定怎样生产；根据分配理论来说明如何分配；根据失业与通货膨胀理论来解决就业和通货膨胀的问题；根据宏观经济政策和国民收入决定理论来解决经济波动与增长的问题。

任务实施

相对于人们的无穷欲望而言，所有的物品均呈现出稀缺性。高校宿舍区外小商贩摆摊屡禁不止，主要是由于大学生的数量庞大，而高校周围正规的饭店数量有限，并且价格偏高，这就表现为正规的饭店这种资源的稀缺性。同时大学生们兜里的资金也是有限的，也具有稀缺性。而在现实生活中，高校宿舍区外小商贩摆摊，很方便地满足了大学生们的需求，想吃什么了，随时随地很容易买到，并且价格偏低。运用等量资金，高校宿舍区外小商贩能更大程度地满足大学生们填饱肚子的欲望，因此大学生们自然会趋向选择高校宿舍区外小商贩，这就是经济学中的选择问题。

思考题

一、选择题

1. 资源的稀缺性是指（　　　）。
   A. 世界上的资源最终会因为人们生产更多的物品而消耗光
   B. 相对人们无穷的欲望而言，资源总是不足的
   C. 生产某种物品所需要的资源的绝对数量较少
   D. 以上均不正确

2. 经济学产生的原因是（　　　）。
   A. 生产的需要　　　　　　　　B. 欲望满足的需要
   C. 稀缺性的存在与选择的必要　　D. 选择的需要

3. 经济学的研究对象是（　　　）。
   A. 资源配置　　　　　　　　　B. 资源配置和资源利用
   C. 资源的稀缺性　　　　　　　D. 资源利用

4. 一种行为的机会成本是指（　　　）。
   A. 为这种行为所花费的钱
   B. 为这种行为所花费的时间的价值
   C. 当你不必为这种行为付钱时就等于零
   D. 投入这种行为全部资源的其他可能的用途

二、思考题

1. 什么是经济学？

2. 举例说明现实生活中存在稀缺性或不存在稀缺性的案例。

3. 有人说"微观经济学就是企业管理学"，这种说法对不对？为什么？

知识链接

一、亚当·斯密与现代经济学的诞生

亚当·斯密（Adam Smith，1723～1790，见图 1-3），是英国古典政治经济学的主要代表人物之一。他的代表作《国富论》（全称《国民财富的性质和原因的研究》）早已被翻译成十几种文字，全球发行。而他本人也因此被奉为现代西方经济学的鼻祖。

图 1-3　亚当·斯密

《国富论》的确是一部划时代的巨著。它概括了古典政治经济学在形成阶段的理论成就，它最早系统地阐述了政治经济学的各个主要学说，它标志着自由资本主义时代的到来。

二、宏观经济学与微观经济学的关系

1. 微观经济学与宏观经济学的区别明显

（1）研究对象不同。

微观经济学的研究对象是单个经济单位，如家庭、厂商等。正如美国经济学家 J.亨德逊（J.Henderson）所说"居民户和厂商这种单个单位的最优化行为奠定了微观经济学的基础"。而宏观经济学的研究对象则是整个经济，研究整个经济的运行方式与规律，从总量上分析经济问题。正如萨缪尔森所

7

说，宏观经济学是"根据产量、收入、价格水平和失业来分析整个经济行为。"美国经济学家 E.夏皮罗（E.Shapiro）则强调了"宏观经济学考察国民经济作为一个整体的功能。"

（2）解决的问题不同。

微观经济学要解决的是资源配置问题，即生产什么、如何生产和为谁生产的问题，以实现个体效益的最大化。宏观经济学则把资源配置作为既定的前提，研究社会范围内的资源利用问题，以实现社会福利的最大化。

（3）研究方法不同。

微观经济学的研究方法是个量分析，即研究经济变量的单项数值如何决定。而宏观经济学的研究方法则是总量分析，即对能够反映整个经济运行情况的经济变量的决定、变动及其相互关系进行分析。这些总量包括两类，一类是个量的总和，另一类是平均量。因此，宏观经济学又称为"总量经济学"。

（4）基本假设不同。微观经济学的基本假设是市场出清、完全理性、充分信息，认为"看不见的手"能自由调节实现资源配置的最优化。宏观经济学则假定市场机制是不完善的，政府有能力调节经济，通过"看得见的手"纠正市场机制的缺陷。

（5）中心理论和基本内容当然也不同。微观经济学的中心理论是价格理论，还包括消费者行为理论、生产理论、分配理论、一般均衡理论、市场理论、产权理论、福利经济理论等。宏观经济学的中心理论则是国民收入决定理论，还包括失业与通货膨胀理论、经济周期与经济增长理论、开放经济理论等。

2. 微观经济学与宏观经济学的共同点

微观经济学与宏观经济学两种经济观察角度只是看待同一种事物的两种方法。它们并不是互相对立的，而是相互补充，相互依存的。只是从不同角度对经济现象进行的分析，采用的都是实证分析方法，即都把社会经济制度作为既定的，不涉及制度因素对经济的影响，从而与制度经济学区分开来。另一方面，微观经济学先于宏观经济学产生，发展得比较成熟，因而是宏观经济学的基础。经济个别单位是构成整体行为的基础，而宏观面又影响着微观面的决策。就比如盖楼：微观是研究其一砖一瓦，而宏观是研究整体的高度，架构。例如失业率的变化是每个厂商雇用工人决策变化的结果，而国家整体经济宏观面也影响着厂商对雇用工人的决策。所以微观经济学与宏观经济学是相辅相成的，两者互相补充，互相渗透，共同组成了经济学的基本原理。

项目二

价格是如何决定的

任务一　均衡价格的决定

能力目标

- 能够绘制供给、需求曲线
- 能分析供求变动对均衡的影响

知识目标

- 掌握供给定理
- 掌握需求定理
- 了解均衡价格的形成过程

任务引入

2011 年猪肉价格大涨，被业内视为一个新的传统周期开始，整个生猪养殖行业开始补栏母猪。母猪数量在随后几年逐渐增加至过剩，且未遭淘汰，导致生猪出栏量一年比一年多，供明显大过于求。据统计，2012 年 10 月，全国母猪存栏量达到 5078 万头，创历史新高，产能过剩的局面在 2013 年全面显现。2013 年下半年以来生猪的价格一路下跌。一些养殖户曾将希望寄托于传统的消费旺季——春节，但终究难挽狂澜。春节过后，一些养殖户意识到这波下行行情来势汹汹，开始集中抛售，这更加剧了跌势。从全国范围来看，生猪出栏价格同样跌破社会平均养殖成本。搜猪网首席分析师冯永辉表示，2014 年可能成为近 3 年来养猪户亏损最为严重的一年。国家发改委宣布，会同相关部门密切关注生猪生产和市场价格走势，按照调控预案规定积极准备启动中央储备冻猪肉收储工作。

问题：

为什么猪肉价格会下跌？中央储备冻猪肉收储工作对猪肉价格有什么影响？

🔆 任务分析

在市场经济中，众多的生产者生产着种类繁多的商品，是市场价格引导着资源配置方向，使稀缺资源得到最优配置。

市场是商品交换的场所，是由一组具有买卖关系的经济实体构成的，这种买卖关系的性质是通过买主和卖主的数量和规模反映出来的。在市场中，买卖关系表现为供给和需求两种基本力量。

供给和需求是决定市场价格的基本力量，是经济分析的基石。

这个案例的实质是让大家认识供给和需求，了解供给和需求与价格相互作用的关系，了解均衡价格是如何决定的。

✏ 相关知识

一、需求定理

需求是经济学中最基本的概念，我们首先研究需求及其影响因素，进而研究需求量与价格的变动方向，从而得出需求定理。

1. 需求的含义

需求是决定价格的关键因素之一，什么是需求呢？我们可以给需求下这样一个定义：需求是商品和要素的购买者（包括家庭、厂商、政府等）在每一价格水平时，愿意而且能够购买的商品和要素的数量。例如，2006 年第一季度时的某地市场上，当鸡蛋的价格为每 0.5 千克 1.8 元时，需求量为 50 千克；当价格为 1.9 元时，需求量为 75 千克；当价格为 2.0 元时，需求量为 50 千克；当价格为 2.1 元时，需求量为 40 千克；当价格为 2.2 元时，需求量为 25 千克。

需求是购买欲望和支付能力的统一，缺少任何一个条件都不能成为需求。

需求可以分为单个需求和市场需求，单个需求是指单个消费者对某种商品的需求。市场需求是消费者全体对某种商品需求的总和。我们要分析的需求首先是单个需求，然后是市场需求。

2. 影响需求的因素

消费者对某种商品的需求主要取决于以下几个因素：

（1）商品本身的价格。一般来讲，需求量的多少与商品本身价格的高低成反比，商品本身价格越高，需求量越小；商品本身价格越低，需求量越大。

（2）相关商品的价格。相关商品之间的关系有两种：互补关系和替代关系。互补关系是指两种商品互相补充，共同满足人们的同一种欲望，如录音机与磁带，羽毛球与羽毛球拍。替代关系是指两种商品可以互相代替来满足同一种欲望，如牛肉与猪肉，茶与咖啡。对于互补品，一种商品（录音机）的价格上升，消费者对另一种商品（磁带）的需求就会减少，即一种商品的价格与其互补品的需求量呈反方向变动。对于替代品，一种商品（猪肉）的价格上升，消费者对另一种商品（牛肉）的需求就会增加，即一种商品的价格与其替代品的需求量呈同方向变动。

（3）消费者的收入水平以及社会收入分配的平等程度。收入水平与社会收入分配平等程度的提高，会导致需求增加；反之，收入水平下降、社会收入分配不平等程度增加，会导致需求减少。

（4）消费者偏好。消费者对某种商品的偏爱程度会对该商品的需求量产生影响，偏爱程度越高，需求量越大；相反，偏爱程度越低，需求量越小。

（5）消费者对未来的预期。如果消费者预期某种商品价格将上涨，就会做出增加当前购买的决定，致使当前需求增加；如果消费者预期某种商品价格将下降，就会做出减少当前购买的决定，致使当前需求减少。同样，如果消费者预期未来收入水平提高，就会导致当前需求的增加，反之亦然。

（6）其他，包括人口数量变动、人口结构变动、政府的经济政策等。人口数量的增减会使需求发生同方向变动。人口结构的变动主要影响需求的结构，政府会通过采取一些鼓励需求或者抑制需求的政策来调节需求。

3. 需求函数

我们把影响需求的各种因素作为自变量，用 a, b, c, d, …, n 表示；

把需求作为因变量，用 D 或者 Qd 表示。则需求函数为

$$D=f(a,b,c,d,\cdots,n)$$

为了简化分析，可以假定影响需求的其他因素不变，仅分析商品本身价格与需求量之间的关系，并以 P 表示价格，则需求函数可以表示为：

$$D=f(P)$$

上式表明了某种商品的需求量 D 是价格 P 的函数。需求函数是用模型法（或代数表达法）来表述需求这个概念。

需求还可以用需求表和需求曲线更为直观地表示。

需求表是表示某种商品的各种价格与其所对应的需求量之间关系的表格。如表 2-1 所示，通过表格将鸡蛋的价格与在每一价格水平时所对应的鸡蛋的需求量联系起来，就构成了鸡蛋的需求表。需求表实际上是用数字表格的形式来表述需求这个概念。

表 2-1　鸡蛋的需求表

	a	b	c	d	e
价格（元）	1.8	1.9	2.0	2.1	2.2
需求量（千克）	100	75	50	40	25

把表 2-1 的数据转换到坐标图 2-1，就得到了一个个表示价格和需求量关系的坐标点。假设鸡蛋是可以无限细分的，将这些坐标点连接起来，就得到了一条向右下方倾斜的需求曲线。在图 2-1 中，横轴 OQ 代表需求量，纵轴 OP 代表价格，D 即为需求曲线。

4. 需求定理

从需求表和需求曲线中可以看出，某种商品的需求量与其价格呈反方向变动。这种现象普遍存在，被称为需求定理。

需求定理是说明商品本身价格与其需求量之间关系的理论。其基本内容是：在其他条件不变的情况下，某商品的需求量与价格之间呈反方向变动，即需求量随着商品本身价格的上升而减少，随商品本身价格的下降而增加。所谓"其他条件不变"，是指除了商品本身的价格外，其他影响需求的因素都不变。

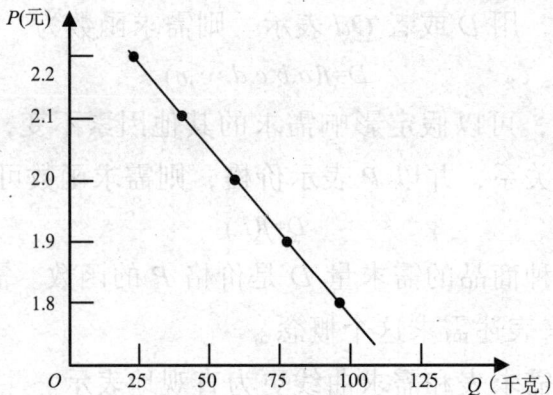

图 2-1　需求曲线

二、供给定理

1. 供给的含义

供给是决定价格的另一个关键因素，什么是供给呢？我们可以给供给下这样一个定义：供给是指某一特定时期内，在每一价格水平上生产者愿意而且能够出售的商品量。例如，2006 年第 1 季度，当鸡蛋的价格为 1.8 元时，供给量为 25 千克；当鸡蛋的价格为 1.9 元时，供给量为 40 千克；当价格为 2.0 元时，供给量为 50 千克；当价格为 2.1 元时，供给量为 75 千克；当价格为 2.2 元时供给量为 100 千克。

供给也是供给欲望与供给能力的统一。供给能力中包括新生产的产品与过去的存货。供给也分为单个供给和市场供给。单个供给是指单个厂商对某种商品的供给，市场供给是指该商品市场所有个别供给的总和。

2. 影响供给的因素

影响供给的因素很多，有经济因素，也有非经济因素，概括起来主要有：

（1）厂商的目标。在经济理论中，经济学家常假设厂商以最大利润为经营目标，那么供给取决于这些供给量是否能给他带来最大利润。事实上，厂商也可能以拥有较大的生产规模并占有相当大的市场份额为目标，或者以其他政治的或社会道义的责任为目标，那么供给就会因目标而有所不同。例如，在发生自然灾害时，某厂商处于社会道义责任以成本价出售商品。

（2）商品本身的价格。一般来讲，商品本身价格越高，供给量越大；商品本身价格越低，供给量越小。例如，鸡蛋的价格为 4 元/千克时，某地市场月供给量为 2.5 万千克，当鸡蛋价格上涨为 6 元/千克时，月供给量增长到 3.75 万千克。

（3）生产技术。生产技术的提高会使资源得到更充分的利用，从而增加供给。

（4）生产要素的价格。生产要素价格的变化直接影响到商品的生产成本，从而影响供给。在商品价格不变的情况下，生产要素价格下降，生产成本下降，利润增加，供给会增加；反之，生产要素价格上涨，供给会减少。

（5）相关商品的价格。对于互补品，一种商品（录音机）的价格上升，消费者对另一种商品（磁带）的需求就会减少，引起这种商品的价格下降，因而供给减少；反之亦然。即对于互补品，一种商品的价格与其互补品的供给呈反方向变动。对于替代品，一种商品（猪肉）的价格上升，消费者对另一种商品（牛肉）的需求就会增加，引起这种商品的价格上升，因而供给增加；反之亦然。即对于替代品，一种商品的价格与其替代品的供给呈同方向变动。

（6）厂商对未来的预期。厂商对未来经济持乐观态度，会增加供给；持悲观态度，则会减少供给。例如，如果厂商预期到下个季度某商品的价格将上涨，则会多生产，因而供给增加。

3. 供给函数

把影响供给的各种因素作为自变量，用 a，b，c，d，…，n 表示；把供给作为因变量，用 S 表示，则可以用函数关系来表示供给与其影响因素之间的关系，即供给函数，关系式为

$$S=f(a,b,c,d,\cdots,n)$$

为了简化分析，可以假定影响供给的其他因素不变，仅分析商品本身价格与供给量之间的关系，并以 P 表示价格，则供给函数可以表示为

$$S=f(P)$$

同需求一样，供给可用供给表、供给曲线较为直观地表示。

供给表是表明某种商品的价格与供给量之间关系的表。供给表实际上是用数字表格的形式来表述供给这个概念。

把表 2-2 的数据转换到坐标图上，就得到了一个个表示价格和供给量关系的坐标点。假设鸡蛋是可以无限细分的，将这些坐标点连接起来，就得到

了一条向右上方倾斜的供给曲线。见图 2-2，图中横轴 *OQ* 代表供给量，纵轴 *OP* 代表价格，*S* 即为供给曲线。

表 2-2 鸡蛋的供给表

	a	b	c	d	e
价格（元）	1.8	1.9	2.0	2.1	2.2
供给量（千克）	25	40	60	75	100

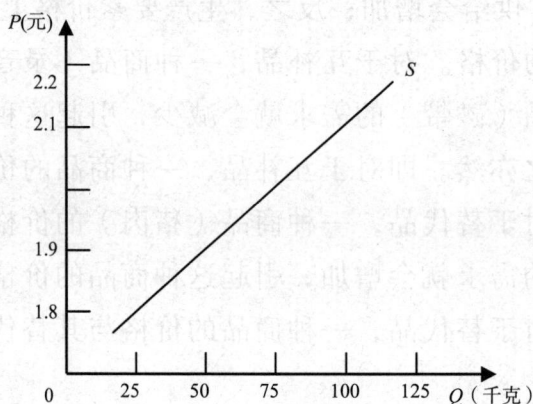

图 2-2 供给曲线

4. 供给定理

从供给表和供给曲线中可以看出，某种商品的供给量与其价格呈同方向变动。这种现象普遍存在，被称为供给定理。

供给定理是说明商品本身价格与其供给量之间的关系的理论。其基本内容是：在其他条件不变的情况下，某商品的供给量与价格之间呈同方向变动，即供给量随着商品本身价格的上升而增加，随商品本身价格的下降而减少。供给定理同需求定理一样也是在假定影响供给的其他因素不变的前提下，研究商品本身价格与供给量之间的关系。

三、均衡价格的决定

1. 均衡价格的含义

在市场经济中，价格是由需求和供给这两种力量决定的。这种价格又称均衡价格。我们可以给均衡价格下这样一个定义：均衡价格是指一种商品需求与供给相等时的价格。这时该商品的需求价格与供给价格相等，称为均衡价格；该商品的需求量和供给量相等，称为均衡数量。

对均衡价格的理解应注意以下三点。

（1）均衡是指经济中各种对立、变动着的力量处于一种相对静止的状态。均衡一旦形成之后，如果有另外的力量使它离开原来均衡的位置，则会有其他力量使之再次恢复到均衡。但是，在市场上均衡是相对的，不均衡才是绝对的。

（2）决定均衡的力量是需求和供给双方。需求与供给决定价格，它们就像一把剪刀的两刃一样起作用，因此，需求与供给的变动都会影响均衡价格的变动。

（3）市场上各种均衡价格是市场竞争的最后结果，其形成过程是在市场的背后进行的。

2．均衡价格的形成

均衡价格是在市场上供求双方的竞争过程中自发地形成的。均衡价格的形成也就是价格的决定过程。因此，价格也就是由市场供求双方的竞争所决定的。在均衡价格下，需求量等于供给量时的数量被称为均衡数量。我们可以假设，在市场上有一个叫价者，他先报出每 500 克鸡蛋的价格为 2.1 元，这时需求量为 40 千克，而供给量为 75 千克，供给量大于需求量，鸡蛋卖不出去，必然降价。他再报出每 500 克鸡蛋 1.9 元，这时需求量为 75 千克，而供给量为 40 千克，需求量大于供给量必然提价。叫价者多次报价之后，最终会叫到每 500 克 2 元，这时需求量为 60 千克，供给量为 60 千克，供求相等，于是就得出均衡价格为 2 元，均衡数量为 60 千克。换言之，市场上自发地进行的竞争过程就决定了鸡蛋的价格为 2 元，这是供求双方都可以接受的价格，也就是均衡价格。

我们可以用表 2-3 来说明均衡价格形成的过程。

表 2-3　鸡蛋的需求表与供给表

	a	b	c	d	e
价格（元/千克）	4.4	4.2	4.0	3.8	3.6
需求量（千克）	25	40	60	75	100
供给量（千克）	100	75	60	40	25

还可以用图 2-3 来说明同样的道理。

在图 2-3 中，如果价格为 2.1 元，需求量为 40 千克，而供给量为 75 千克，供大于求（图上的 *a-b*），价格必然按箭头所示方向向下移动。如果价格为 1.9 元，则需求量为 75 千克，供给量为 40 千克，供小于求（图上的 *c-d*），价格必然按箭头所示方向向上移动。这种一涨一跌的现象会一直继续下去，直至最终达到价格为 2 元时为止。因为这时供求相等，均衡就实现了。这样，2 元就是均衡价格。

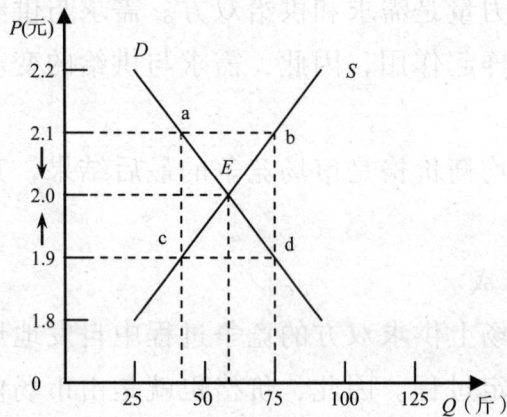

图 2-3　均衡价格与均衡数量

四、需求与供给变动对均衡价格的影响

均衡价格以及均衡数量是由需求与供给决定的。所以，需求或供给任何一方的变动都会引起均衡价格的变动。

1. 需求变动对均衡价格的影响

需求变动是指价格不变的情况下，影响需求的其他因素变动所引起的变动，这种变动在图形上表现为需求曲线的平行移动。我们可以用图 2-4 来说明需求变动对均衡价格以及均衡数量的影响。

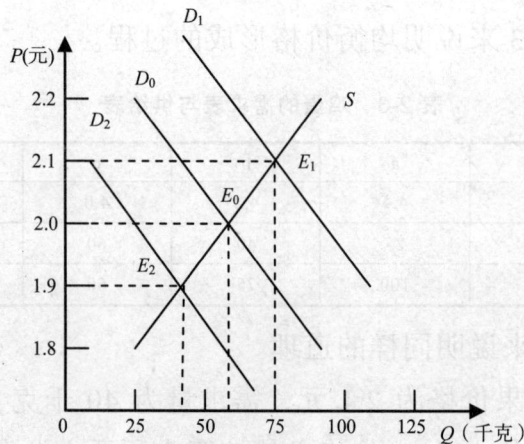

图 2-4　需求变动对均衡价格的影响

在图 2-4 中，D_0 是需求曲线，D_0 与供给曲线 S 相交于 E_0，决定了均衡价格为 2.0 元，均衡数量为 60 千克。需求增加，需求曲线向右上方移动，即由 D_0 移动到 D_1。D_1 与 S 相交于 E_1，决定了均衡价格为 2.1 元，均衡数量为 75 千克。这表明由于需求的增加，均衡价格上升了，均衡数量增加了。需求减少，需求曲线向左下方移动即由 D_0 移动到 D_2。D_2 与 S 相交于 E_2，决定了均衡价格为 1.9 元，均衡数量为 40 千克。这表明由于需求的减少，均衡价格下降了，均衡数量减少了。

结论是：需求变动引起的均衡价格与均衡数量同方向变动。

2. 供给变动对均衡价格的影响

供给变动是指价格不变的情况下，影响供给的其他因素变动所引起的变动。这种变动在图形上表现为供给曲线的平行移动。我们可以用图 2-5 来说明供给变动对均衡价格（以及均衡数量）的影响。

在图 2-5 中，S_0 是供给曲线，S_0 与需求曲线 D 相交于 E_0，决定了均衡价格为 2.0 元，均衡数量为 60 千克。供给增加，供给曲线向右下方移动，即由 S_0 移动到 S_1，S_1 与 D 相交于 E_1，决定了均衡数量为 75 千克。这表明由于供给的增加，均衡价格下降了，均衡数量增加了。

供给减少，供给曲线向左上方移动，即由 S_0 移动到 S_2，S_2 与 D 相交于 E_2，决定了均衡价格为 2.1 元，均衡数量为 40 千克。这标明由于供给的减少，均衡价格上升了，均衡数量减少了。

结论是：供给变动引起均衡价格反方向变动，均衡数量同方向变动。

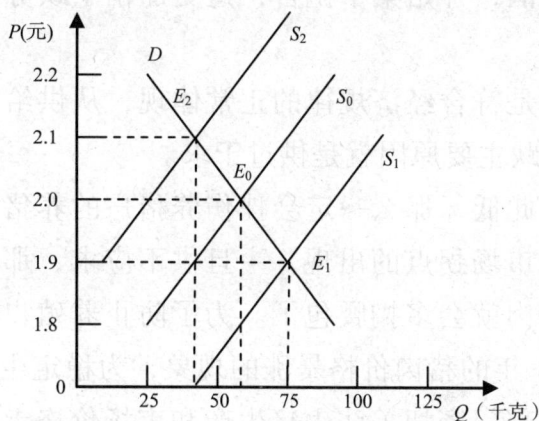

图 2-5　供给变动对均衡价格的影响

任务实施

在供给和需求的互相平衡下，市场同样会达到一个均衡的状态。市场的均衡过程就是商品市场上需求和供给这两种相反的力量共同作用的结果。当市场价格低于均衡价格时，需求量大于供给量，出现商品短缺，一方面迫使需求者提高价格，另一方面又使供给者增加商品的供给量，这样该商品的价格必然上升。相反，当需求量小于供给量时，供给过剩，商品价格下跌。本案例中猪肉价格涨跌也主要是供求关系变化引起的。

从需求的角度看，肉制品是百姓餐桌上的必需品，需求量会随着价格的下降而有所增加，但是考虑到饮食的均衡，身体的健康，这个的消费量的增加也是有限的，需求量达到一定程度后就维持而不会再上升了。另外受金融危机影响，务工人员减少、购买力有所下降等原因也导致猪肉需求量增加受到冲减。

从供给的角度看，这一轮生猪价格下降的原因主要有 3 个方面：一是国家对养殖户加大了扶持力度，对城镇、乡村饲养母猪户给予优惠政策，加大了防疫工作，提高整体抗风险能力。使繁育母猪数量有了保证，所以生猪出存栏量相应增长，造成生猪市场供过于求。二吃，是猪饲料价格上涨，猪吃得最多的粮食是玉米，目前玉米的价格是 2.2 元/公斤，比两年前涨了一倍。此外还有豆粕、麦麸也都不能少。当前饲料价格同比上涨 10%，使生猪养殖成本增加。三是春节后本来就是猪肉消费的淡季，再加上一些养殖户意识到这波下行行情来势汹汹，开始集中抛售，这更加剧了跌势，导致猪肉价格持续跳水。

猪肉价格的波动是符合经济规律的正常体现，从供给和需求的角度综合分析，猪肉价格的下跌主要原因就是供过于求。

现在猪肉价格如此低，那么一定会挫伤养猪户的养猪积极性，导致生猪存栏减少，从而导致市场拐点的出现，一旦供不应求，那么猪肉的价格就会走高了，到那时吃猪肉就会多掏腰包了。为了防止养殖户大量屠宰生猪，再次出现 2006 至 2008 年的猪肉价格暴涨的现象，为稳定生猪生产，国家发改委宣布，正会同相关部门密切关注生猪生产和市场价格走势，按照调控预案规定积极准备启动中央储备冻猪肉收储工作。

但是，关于政府要不要救市，一直存在争议。一方面，政府进行宏观调控，短期内可能会降低养殖户的损失，但另一方面，一旦政府出手收储，会推涨猪价，这时候政府又会通过各种优惠政策来鼓励大家养猪，供给上去了，猪价又跌回去了。

思考题

一、选择题

1. 在得出某棉花种植农户的供给曲线时，下列除（　　）因素以外其余均保持为常数。

    A. 土壤的肥沃程度　　　　　　B. 技术水平

    C. 棉花的种植面积　　　　　　D. 棉花的价格

2. 在某一时期内彩色电视机的需求曲线向左平移的原因可以是（　　）。

    A. 彩色电视机的价格上升

    B. 消费者对彩色电视机的预期价格上升

    C. 消费者对彩色电视机的预期价格下降

    D. 消费者的收入水平提高

    E. 黑白电视机的价格上升

二、简答题

1. 什么是需求，什么是供给？影响需求和供给的因素是什么？

2. 什么是均衡价格，它是如何形成的？

3. 用图形说明供给量的变动与供给的变动。并说明地价上涨对房屋的影响是属于供给量的变动还是供给的变动。

知识链接

一、需求定理的例外

需求定理是一般商品一般情况下的规律，有的特殊商品则常有例外。比较重要的例外有以下几种。

1. 某些炫耀性商品

珠宝、项链、豪华型轿车之类，是用来显示人的社会身份的，如果价格下降，它们不能再代表这种社会地位与身份，人们对它们的需求量就会减少。

2. 吉芬商品

英国统计学家罗伯特·吉芬在研究爱尔兰土豆状况时发现，当土豆价格下降时，消费者购买量较少；当土豆价格上升时，需求量反而上升。因为是吉芬最先发现这种现象，所以具备这种性质的商品被称为吉芬商品。

3. 某些珍贵、稀罕性商品

古董、古画、珍邮之类珍品，往往是价格越高越显示出它们的珍贵性，从而对它们的需求量就越大。

需求定理反映了一般商品的客观实际，但并不排除某些特殊商品的例外，这些商品只占极小的一部分，因此，需求定理并没有因此被推翻。

二、价格对经济的调节和价格政策

1. 价格调节及其局限性

均衡价格形成与变动的过程实际上就是价格调节经济的过程，在现实中价格的形成及价格对经济的调节是同一社会经济过程。

在市场经济中，价格在经济中的作用可以归纳为：第一，价格在经济中的作用是传递信息、提供刺激，并决定收入分配；第二，作为指示器反映市场的供求状况；第三，价格的变动可以调节需求；第四、价格的变动可以调节供给。第五，价格可以使资源配置达到最优状态。

从理论上说，通过价格调节，就可以使资源配置达到最优状态。但是在现实中，由于种种条件的限制，价格调节并不一定能达到理论上的这种完善境地。而且，从经济的角度看，也许价格的调节能达到那种理论上完善的境地，但从社会或其他角度看，不一定是最好的。这就是经济学家所说的"市场失灵"。为此，通过一定的经济政策来纠正这种失灵就成为必要。

价格政策就是为了纠正"市场失灵"采取的政策。价格政策也包括许多种，我们这里主要介绍两种：支持价格和限制价格。

2. 支持价格

支持价格是政府为了扶植某一行业的生产而规定的该行业产品的最低价格。支持价格一定高于均衡价格。由于高于均衡价格，供给量将大于需求量，该商品市场将出现过剩（参见图 2-6）。为维持支持价格，政府就应采取相应措施。这类措施有：一是政府收购过剩商品，或用于储备，或用于出口。在出口受阻的情况下，就必将增加政府财政开支。二是政府对商品的生产实行产量限制，但在实施时需有较长的指令性且有一定的代价。

在我国目前的情况下采取对农业的支持价格政策是有必要的，对于稳定农业经济的发展有着积极的意义。第一，稳定了农业生产，减缓了经济波动对农业的冲击；第二，通过对不同农产品的不同支持价格，可以调整农业结构，使之适应市场的变动；第三，扩大农业投资，促进了农业现代化的发展和劳动生产率的提高。

3．限制价格

限制价格是政府为了限制某些生活必需品的物价上涨而规定这些产品的最高价格。其目的是稳定经济生活。但限制价格一定低于均衡价格，因而，需求量将大于供给量，该商品市场将出现短缺（参见图 2-7）。这样，市场就可能出现抢购现象或是黑市交易。为解决商品短缺，政府可采取的措施是控制需求量，一般采取配给制，发放购物券。但配给制只能适应于短时期内的特殊情况，否则，一方面可能使购物券货币化，还会出现黑市交易，另一方面会挫伤厂商的生产积极性，使短缺变得更加严重。

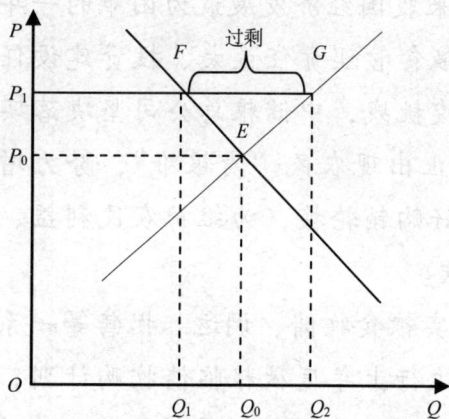

图 2-6　支持价格　　　　　　　　　图 2-7　限制价格

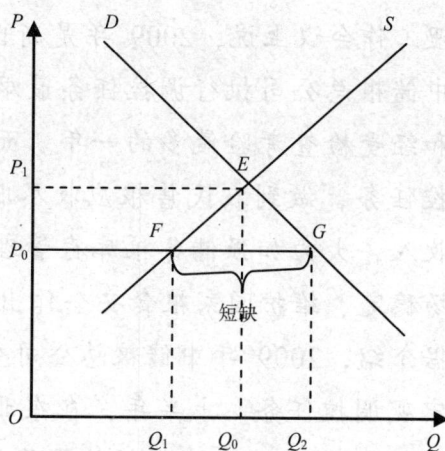

所以，限制价格的实行有利于社会平等的实现，有利于社会的安定。但也有不利作用：第一，价格水平低不利于刺激生产，从而会使产品长期存在短缺现象；第二，价格水平低不利于抑制需求，从而会在资源缺乏的同时造成严重的浪费；第三，价格水平不合理是社会风气败坏，官员腐朽等不良风气的经济根源之一。

任务二　价格的波动对供给和需求的影响

能力目标
- 计算弹性
- 运用弹性理论分析经济问题

知识目标
- 需求弹性
- 供给弹性

任务引入

中国储备粮管理总公司坚持维护农民利益、粮食市场稳定和国家粮食安全，2009 年收购各类政策性粮食和油料 8 937 万吨，直接增加农民收入 190 多亿元。

中国储备粮管理总公司时任总经理包克辛 2010 年 1 月 19 日在中央储备粮管理工作会议上说，2009 年是新世纪以来我国经济发展最为困难的一年，也是中储粮总公司执行调控任务最艰巨、粮食管理责任最大、投资建设任务最重和经受检查考验最多的一年。面对严峻挑战，中储粮总公司坚决落实粮食调控任务，做到农民售粮应收尽收，防止出现农民"卖粮难"，努力增加农民收入，大力加强储备粮库存管理，搞好购销轮换，为维护农民利益、维护市场稳定、维护国家粮食安全作出了贡献。

据介绍，2009 年中储粮总公司全力落实粮食收储、调运、抛售等一系列国家宏观调控任务。上半年，在东北继续执行上年度秋粮临储收购计划；年中，先后启动 6 省小麦最低收购价执行预案、4 省早籼稻最低收购价收购政策、11 省（市）冬油菜子临储收购政策；秋粮上市后，又分别启动 6 省中晚稻最低收购价收购政策、新疆小麦临时存储收购政策、6 省（区）春油菜子临储收购政策；年末，又在东北地区执行玉米、大豆临时收购政策。据统计，中储粮总公司 2009 年收购各类政策性粮食和油料 8 937 万吨，其中小麦 4 091 万吨、稻谷 1 117 万吨、玉米 2 748 万吨、大豆 492 万吨、油菜子 489 万吨。在农产品价格下行压力较大的情况下，有效稳住了粮食市场价格，直接增加农民收入 190 多亿元，调动了种粮农民积极性，为国家储备了充足的调控粮源，避免了"谷贱伤农"。

据包克辛介绍，2009 年中储粮总公司执行国家调控指令，全年累计拍卖政策性粮食 258 批次，销售 5 382 万吨，确保了粮食市场供给和价格稳定。定向销售临时存储玉米 577 万吨、大豆 195 万吨，支持了东北地区玉米和大豆加工企业生产，缓解了当地仓容紧张局面。执行国家下达的跨省调运计划，全年完成政策性粮食发运 1 225 万吨，比上年增加 72%。继续推进铁路大客户工作，全年发运 1 070 万吨，有力服务了东北粮食入关南下。

问题：

1. 如何理解"谷贱伤农"？
2. 如何避免"谷贱伤农"？

任务分析

我们知道了供求决定价格，以及价格调节经济的基本原理，但并没有深入分析价格变动与供求量之间的关系。我们知道，价格的变动会引起需求量或供给量的变动，但需求量或供给量对价格变动的反应程度是不同的。有些商品价格变动的幅度大，而需求量或供给量变动的幅度小。本案例的实质是通过"谷贱伤农"来说明价格变动与需求量或供给量变动之间的量的关系。

相关知识

一、需求价格弹性

1. 什么是需求价格弹性

"弹性"是一个物理学概念，是指某物体对外部作用力的反应程度。例如沙发的弹性大，木头的弹性小。经济学的"弹性"是指自变量变动引起因变量变动的反应程度。

需求价格弹性是指价格变动引起需求量变动的反应程度。具体地说，它是指价格变动的比率所引起的需求量变动的比率，即需求量变动对价格变动的反应程度。需求价格弹性又简称为需求弹性。

2. 如何计算需求价格弹性

各种商品的需求弹性是不同的，一般用弹性系数来表示商品弹性的大小。需求弹性系数 E_d 是需求量变动的比率与价格变动的比率的比值。Q 代表需求量，ΔQ 代表需求量的变动量，P 代表价格，ΔP 代表价格的变动量，则需求弹性系数可用下列公式表示：

$$E_d = \frac{需求量变动百分比}{价格变动百分比} = -\frac{\dfrac{\Delta Q}{Q}}{\dfrac{\Delta P}{P}} = -\frac{\Delta Q}{\Delta P} \cdot \frac{P}{Q}$$

3. 需求价格弹性的理解

在理解需求弹性的含义时要注意以下五点。

（1）在需求量和价格这两个经济变量中，价格是自变量（主动因素），需求量是因变量（被动因素）。

（2）需求弹性系数是相对数之比，不是绝对量之比。

（3）需求弹性系数可正可负，但是通常都取绝对值，即正值。绝对值越大表示需求价格弹性越大，这意味着需求量对价格越敏感。

（4）通常计算弹性系数的公式是以需求量变动百分比与价格变动百分比之比来计算的，在百分比变动很微小的情况下，计算的弹性系数较准确，但如果变动较大时，所计算出来的弹性系数误差就比较大。

（5）根据价格和需求量变动幅度的大小，需求的价格弹性中分为点弹性和弧弹性，它们在表示需求量变化的百分比和价格变化的百分比之间的比率是一样的，但它们所涉及的范围有所不同，计算方法也稍有不同。

点弹性是指需求曲线上某一点的弹性。它等于需求量微小的变化比率与价格微小变化比率之比。点弹性的计算方法适用于价格和需求量变化极为微小的条件，如果商品价格与需求量的变化都相当大，就要计算需求曲线上两点之间一段弧的弹性即弧弹性。弧弹性采用中点法计算弹性。

4. 需求价格弹性的分类

（1）当 $E_d=0$ 时，需求对价格是完全无弹性的，即需求量与价格无关，则需求曲线为一条垂直于 x 轴的直线，其需求函数为 $D=a$（a 为一常数）。例如，火葬需求不会因为价格下跌而增加，因此需求曲线为一垂直于 x 轴的直线。如图 2-8 中 D_1 曲线所示。

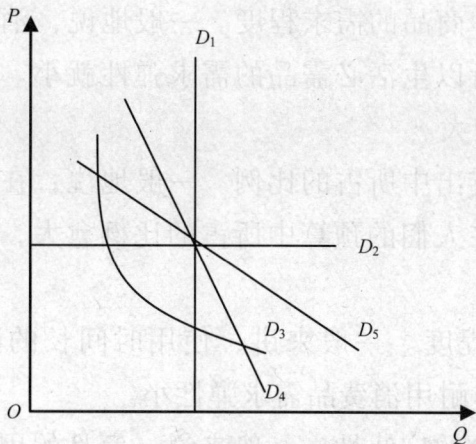

图 2-8　需求价格弹性

（2）当 $E_d=1$ 时，需求对价格为单位弹性，即价格变化的百分比与需求量变化的百分比相等。此时的需求曲线是一条正双曲线，如图 2-8 中 D_3 曲线所示。

（3）当 $E_d \rightarrow \infty$ 时，需求对价格是完全有弹性的，需求曲线为一条垂直于 p 轴的直线，其需求函数为 D=a（a 为一常数）。在战争年代，政府在给定价格情况下对军火品的需求量是无限的，因此，需求曲线为一条（接近于）与 x 轴平行的直线。如图 2-8 中 D_2 所示。

（4）当 $0 < E_d < 1$ 时，需求对价格缺乏弹性，即需求变化的幅度小于价格变化的幅度。生活必需品的需求价格都是缺乏弹性的。如图 2-8 中的 D_4 曲线。

（5）当 $1 < E_d < \infty$ 时，需求对价格是有弹性的，即需求变化的幅度大于价格变化的幅度。奢侈品的需求一般都是有弹性的。如图 2-8 中的 D_5 曲线。

在以上情形中，（1）和（3）均为特例，在生活中实属罕见在生活中最屡见不鲜的是情形（4）和情形（5）。单位弹性也是一种特例，在生活中很难发现某一商品的价格需求弹性恰好等于 1。之所以作为五种情形之一列出，主要是为了理论上的完备性。

5. 影响需求价格弹性的因素

需求价格弹性的大小取决于以下基本要素。

（1）商品的可替代程度。一般来说，如果某产品存在着很接近的替代品的数量愈多，其需求价格弹性愈大。

（2）消费者对某种商品的需求程度。一般地说，消费者对生活必需品的需求强度大而稳定，所以生活必需品的需求弹性就小。而奢侈品、高档消费品的需求价格弹性就较大。

（3）商品在家庭支出中所占的比例。一般地说，在其他条件不变的情况下，某种商品的支出在人们的预算中所占的比例愈大，该商品的需求价格弹性愈大。

（4）商品的耐用程度。一般来讲，使用时间长的耐用消费品需求弹性大，而使用时间短的非耐用消费品需求弹性小。

（5）商品本身用途的广泛性。一般来说，商品的用途广泛，需求弹性就大；用途小，则需求弹性也就小。

二、需求收入弹性

1. 什么是需求收入弹性

需求的收入弹性简称收入弹性，它表示在一定时期内相对于消费者收入的相对变动，商品需求量的相对变动的反应程度。

2. 如何计算需求收入弹性

需求的收入弹性系数 = $\dfrac{需求变动百分比}{收入变动百分比}$，用 E_m 表示需求的收入弹性系数，M 表示收入，ΔM 表示收入增减量。则

$$E_m = \frac{\dfrac{\Delta Q}{Q}}{\dfrac{\Delta M}{M}} = \frac{\Delta Q}{\Delta M} \cdot \frac{M}{Q}$$

3. 需求收入弹性的分类

（1）需求无收入弹性，即 $E_m=0$。意味着无论消费者收入如何变动，需求量都不变。这时收入需求曲线是一条垂线，如图 2-9 中 A 曲线所示。食盐等为此类商品。

（2）需求富有收入弹性，即 $E_m > 1$。意味着需求量的变动幅度大于收入变动的幅度。这时收入需求曲线是一条向右上方倾斜而比较平坦的线，如图 2-9 中 B 曲线所示。高档消费品为此类商品。

（3）需求缺乏收入弹性，即 $E_m < 1$。意味着需求量的变动幅度小于收入变动的幅度，这时收入需求曲线是一条向右上方倾斜而比较陡峭的线。如图

2-9 中 C 曲线所示。如粮食等。

（4）需求单位收入弹性，即 $E_m=1$。意味着需求量变动的幅度与收入变动的幅度相同，这时收入需求曲线是一条向右上方倾斜而与横轴成 45° 的线，如图 2-9 中的 D 曲线所示。

（5）需求负收入弹性，即 $E_m < 0$。意味着需求量的变动与收入变动反方向变化，这时收入需求曲线是一条向右下方倾斜的线。如图 2-9 中的 E 曲线所示。

在以上五种类型中，对正常商品而言 $E_m > 0$，如果 $E_m < 1$，则表明收入增加，该商品的需求减少，该商品为劣等品。如果 $E_m > 1$ 表明需求量增加了幅度超过收入增加幅度，该商品为奢侈品。$0 < E_m < 1$ 表明需求量增加了幅度低于收入增加幅度，该商品为必需品。

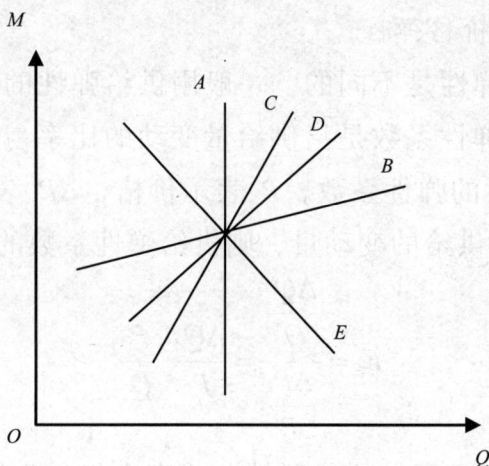

图 2-9　需求收入弹性

三、需求交叉弹性

1. 什么是需求交叉弹性

商品的需求量不仅对自身价格和消费者收入的变化有反应，而且对其他相关产品的价格变化也有反应。从中引出了需求交叉弹性。

需求交叉弹性是指相关的两种商品中，一种商品的价格变动的比率所引起的另一种商品的需求量变动的比率，即一种商品的需求量变动对另一种商品价格变动的反应程度。

2. 如何计算需求交叉弹性

如果以 E_{xy} 表示商品的交叉弹性系数，P_y 表示 Y 商品的价格，ΔP_y 表示 Y 商品价格的变动，引起 X 商品需求量的变动，则需求交叉弹性公式为

$$E_{xy} = \frac{\dfrac{\Delta Q_x}{Q_X}}{\dfrac{\Delta P_y}{P_y}} = \frac{\Delta Q}{\Delta P_y} \cdot \frac{P_y}{Q_x}$$

四、供给价格弹性

1. 什么是供给价格弹性

供给弹性是指供给量对影响供给因素的变量变化所做出的反应程度。供给弹性通常是指供给价格弹性，是价格变动的比率所引起的供给量变动的比率，即供给量变动对价格变动的反应程度。

2. 如何计算供给价格弹性

各种商品的供给弹性是不同的，一般用供给弹性的弹性系数来表示弹性的大小。供给弹性的弹性系数是指供给量变动的比率与价格变动的比率的比值。设 E_s 为供给弹性的弹性系数，P 表示价格，ΔP 表示价格的变动量，Q 表示供给量，ΔQ 表示供给的变动量，则供给弹性系数的公式为：

$$E_s = \frac{\dfrac{\Delta Q}{Q}}{\dfrac{\Delta P}{P}} = \frac{\Delta Q}{\Delta P} \cdot \frac{P}{Q}$$

形式上，供给弹性公式与需求弹性公式完全相同，只是 Q 所代表的是供给量，而不是需求量。

3. 供给价格弹性的分类

（1）$E_s=0$，称为供给完全无弹性，它表明价格任意变化，供给量不变，是一条垂直于横轴的直线。如图 2-10 中的 A 曲线所示，如土地、文物、某些艺术品的供给。

（2）$E_s \to \infty$，称为供给有无限弹性。它是一条平行于横轴的直线，表示在某一既定价格下，供给者可以无限地提供产品。如图 2-10 中的 B 曲线所示。

（3）$E_s=1$，称为供给的单位弹性，此时，价格量变动 1%，供给量随之变动 1%，它是一条过原点并向右上方倾斜的线，表示价格变动的比率与供

给变动的百分比相同。如图 2-10 中的 C 曲线。

（4）$E_s > 1$，称为供给富有弹性，它表明如果商品价格变动 1%，供给量的变动超过 1%，供给量对价格的变动反应较敏感。它是一条向右上方倾斜且能与纵轴相交的线，表示供给变动的幅度大于价格变动的幅度。如图 2-10 中的 D 曲线所示。

（5）$0 < E_s < 1$，称为供给缺乏弹性，它表示供给量的变动小于价格变动，即价格变动 1%，供给量的变动小于 1%，供给量对价格变动的反应不灵敏。它是一条向右上方倾斜且能与横轴相交的线，表示供给量变动的幅度小于价格变动的幅度。如图 2-10 中的 E 曲线所示。

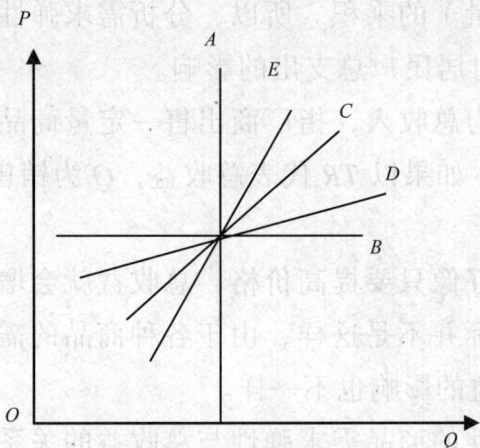

图 2-10　供给价格弹性

4．影响供给价格弹性的因素

（1）生产技术的类型。一般而言，生产技术越复杂、越先进，固定资本，占用越大生产周期越长，供给弹性越少，在价格下降时，这类生产要素不能方便地转移。

（2）生产能力的利用程度。对拥有相同技术的生产者而言，拥有多余生产能力的生产者的供给会更高有弹性，因为它在价格变动时，特别是价格升高时，更容易调整产量。

（3）生产成本的因素，当产量增加时，成本迅速增大，供给弹性越小，反之，生产扩大成本增长慢，供给弹性就大。

（4）生产者调整供给量的时间（生产时间），当商品的价格发生变化，生产者对供给量进行调整需要一定时间，时间越短，生产者越来不及调整供给量。如在一个月内，考察西瓜的供给，它可能缺乏弹性，但如果跨年度考察西瓜供给量的变化，则其供给弹性可能很大。因此对像农产品这样生产周期较长的产品，有：$P_t=f(Q_t)$；$Q_t=f(P_t-1)$，简单地说，就是今年的价格由今年的产品决定，今年的产量由去年价格决定。

五、弹性理论的运用

1. 需求价格弹性理论的应用

需求价格弹性的大小，同消费者购买该商品货币支出的变动和生产者的总收益都密切相关。因为价格变动引起需求量的变动，从而引起了消费者货币支出的变动。同时，消费者的支出和生产者的收益在量上是相同的，即为价格和销售量（需求量）的乘积。所以，分析需求弹性对总收益的影响实际上也是分析需求弹性对居民户总支出的影响。

总收益也可以称为总收入，指厂商出售一定量商品所得到的全部收入，即销售量与价格乘积。如果以 TR 代表总收益，Q 为销售量，P 为价格，则：$TR=P \cdot Q$。

按照这个公式，好像只要提高价格，总收益就会增加；降低价格，总收益就一定会减少。实际并不是这样，由于各种商品的需求价格弹性不同，所以，价格变化对总收益的影响也不一样。

（1）需求富有弹性的商品需求弹性与总收益的关系。如果某种商品的需求富有弹性，当该商品的价格下降时，需求量（从而销售量）增加的幅度大于价格下降的幅度，从而总收益（即总支出）会增加；当该商品的价格上升时，需求量（销售量）减少的幅度大于价格上升的幅度，所以总收益（总支出）会减少。

需求富有弹性的商品价格下降而总收益增加，就是我们一般所说的"薄利多销"的原因所在。所以，能够做到薄利多销的商品是需求富有弹性的商品。

（2）需求缺乏弹性的商品需求弹性与总收益的关系。如果某种商品的需求是缺乏弹性的，当该商品的价格下降时，需求量（从而销售量）增加幅度小于价格下降的幅度，从而总收益（即总支出）会减少；当该商品的价格上升时，需求量（销售量）的减少幅度小于价格上升的幅度，从而总收益（即总支出）会增加。

根据这种缺乏弹性的商品价格上升或下降引起的总收益的变化可以得出：如果某种商品是缺乏弹性的，则价格与总收益同方向变动，即价格上升，总收益增加；价格下降，总收益减少。"谷贱伤农"就是这个道理。在丰收的情况下，由于粮价下跌，并不会使需求同比例增加，从而总收益减少，农民遭受损失。

2. 需求收入弹性理论的应用

1857 年，世界著名的德国统计学家恩思特·恩格尔阐明了一个定律：随着家庭和个人收入增加，收入中用于食品方面的支出比例将逐渐减小，这一定律被称为恩格尔定律，反映这一定律的系数被称为恩格尔系数。其公式表示为：

恩格尔系数（%）=食品支出总额/家庭或个人消费支出总额×100%

恩格尔定律主要表述的是食品支出占总消费支出的比例随收入变化而变化的一定趋势。揭示了居民收入和食品支出之间的相关关系，用食品支出占消费总支出的比例来说明经济发展、收入增加对生活消费的影响程度。众所周知，吃是人类生存的第一需要，在收入水平较低时，其在消费支出中必然占有重要地位。随着收入的增加，在食物需求基本满足的情况下，消费的重心才会开始向穿、用等其他方面转移。因此，一个国家或家庭生活越贫困，恩格尔系数就越大；反之，生活越富裕，恩格尔系数就越小。

国际上常常用恩格尔系数来衡量一个国家和地区人民生活水平的状况。根据联合国粮农组织提出的标准，恩格尔系数在 59%以上为贫困，50%～59%为温饱，40%～50%为小康，30%～40%为富裕，低于 30%为最富裕。

3. 需求交叉弹性理论的应用

需求交叉弹性用于研究替代品之间或互补品之间的价格与需求量的变动之间的关系。需求交叉弹性可以是正值，也可以是负值，它取决于商品间关系的性质，即两种商品是替代关系还是互补关系。具有互补关系的商品称之为互补品，具有替代关系的商品称之为替代品。

互补商品之间：$E_{xy} < 0$。对于互补商品来说，一种商品需求量与另一种商品价格之间呈反方向变动，所以其需求交叉弹性系数为负值。比如照相机和胶卷，录音机和磁带等之间是功能互补性商品，它们之间的需求交叉弹性系数就是负值。一般情况下，功能互补性越强的商品交叉弹性系数的绝对值

越大。

替代商品之间：$E_{xy} > 0$。对于替代商品来说，一种商品需求量与另一种商品价格之间成同方向变动，所以其需求交叉弹性系数为正值。如茶叶和咖啡，橘子和苹果等，这些商品之间的功能可以互相代替，其交叉弹性系数就是正值。一般来说，两种商品之间的功能替代性越强，需求交叉弹性系数的值就越大。

此外，若两种商品的交叉弹性系数为零，则说明 X 商品的需求量并不随 Y 商品的价格变动而发生变动，两种商品既不是替代品，也不是互补品。

➡ 任务实施

1. "谷贱伤农"是经济学的一个经典问题。农民粮食收割后到底能卖多少钱取决于两个因素：产量和粮价，是二者的乘积。但这两个变量并不是独立的，而是相互关联的，其关联性由一条向下倾斜的对粮食的需求线来决定。也就是说，价格越低，需求量越大；价格越高，需求量越小。另外还要注意的是，粮食需求线缺少弹性，也就是说，需求量对价格的变化不是很敏感。当粮价下跌时，对粮食的需求量会增加，但增加得不是很多。其基本的道理在于，粮食是一种必需品，对粮食的需求最主要的是由对粮食的生理需求所决定的。

认识到粮食市场的这一特性后，就不难理解下面的现象：当粮食大幅增产后，农民为了卖掉手中的粮食，只能竞相降价。但是由于粮食需求缺少弹性，只有在农民大幅降低粮价后才能将手中的粮食卖出，这就意味着，在粮食丰收时往往粮价要大幅下跌。如果出现粮价下跌的百分比超过粮食增产的百分比，则就出现增产不增收甚至减收的状况，这就是"谷贱伤农"。

2. 为稳定农业生产和保证农民的生产积极性，应对农业生产采用价格支持的政策，即由政府制定一个不受市场供求变动决定的保护价格，如开头案例中"最低收购价"政策。

除了采用支持价格政策，国家的重农政策也是避免"谷贱伤农"的关键性措施，如我国制定的减免农业税税率、对种粮农民实行直接补贴、扩大良种补贴范围和规模、对重点粮食品种实行最低收购价等一系列政策。

思考题

一、选择题

1. 如果一条线性的需求曲线与一条曲线型的需求曲线相切，则在切点处两条需求曲线的需求的价格弹性系数（   ）。

    A. 不相同   B. 相同

    C. 可能相同   D. 根据切点的位置而定

2. 计算需求弹性的弹性系数的一般公式是（   ）。

    A. 需求量与价格之比

    B. 需求量变动的百分比除以价格变动的百分比

    C. 需求量变动的绝对值除以价格变动的绝对值

    D. 价格变动的百分比除以需求量变动的百分比

3. 某种商品的价格变动 10%。需求量变动 20%。则它的弹性系数为（   ）。

    A. 10%   B. 30%   C. 1/2   D. 2

4. 如果一种商品的需求的价格弹性为 2，价格由 1 元上升到 1.02 元会导致需求量（   ）。

    A. 增加 4%   B. 增加 2%   C. 减少 4%   D. 减少 2%

5. 如果一种商品的价格变化 5%，需求量因此变动 2%，那么该商品的需求（   ）。

    A. 富有弹性   B. 缺乏弹性   C. 有无限弹性   D. 无弹性

二、简答题

1. 什么是需求弹性？需求弹性有几种？

2. 什么是供给弹性？影响供给弹性的因素有哪些？

3. 在逛街时，我们经常看到——"旧高压锅换新高压锅一律八折""买一件 50，买两件 80"等。请用弹性价格理论来解释这种现象。

知识链接

蛛网理论

蛛网模型又称蛛网理论，是 20 世纪 30 年代出现的一种关于动态均衡分析的微观经济理论，它是运用弹性理论来考察某些产品（特别是农产品）的价格波动对其下一个周期产量的影响，因本期价格对下期产量影响所产生的均衡的变动的图形绘出时形若蛛网，故称为"蛛网理论"。

蛛网模型的基本假设是：商品的本期产量 Q_t^s 决定于前一期的价格 P_{t-1}，即供给函数为 $Q_t^s = f(P_{t-1})$；商品本期的需求量 Q_t^d 决定于本期的价格 P_t，即需求函数为 $Q_t^d = f(P_t)$。

除了上述基本假设外，还必须假设存在一个完全竞争的市场，价格和产量不存在任何人为的限制，且产品本身不易储存，必须尽快出售。因此，蛛网模型常用于农产品在较长时期的价格与产量变动过程，如生猪、西瓜等。

根据以上假设，蛛网可以用三个联立方程式来表示：

$$\begin{cases} Q_t^d = \alpha - \beta \cdot P_t \\ Q_t^s = -\delta + r \cdot P_{t-1} \\ Q_t^d = Q_t^s \end{cases}$$

式中，α、β、δ、和 r 均为常数，且大于零。

蛛网模型与上一章的均衡价格决定模型框架是基本相同的，只是区别了经济变量的时间先后，蛛网模型是一动态模型。

按照产品的供给弹性与需求弹性的相对大小分三种情况：

第一种情况：产品的供给弹性小于需求弹性——收敛型蛛网。

当供给量对价格变动的反应程度小于需求量对价格变动的反应程度时，价格波动对产量的影响越来越小，价格与产量的波动越来越弱，最后自发地趋于均衡水平。或者说，当需求曲线的斜率的绝对值小于供给曲线的斜率的绝对值时，市场在受到干扰偏离原有的均衡状态以后，实际价格和实际产量会围绕均衡水平上下波动，波动的幅度会越来越小，最后会回到原来的均衡点，见图 2-11。

假定在第一期由于外在原因的干扰，如恶劣的天气，实际产量水平由均衡水平减少为 Q_1。根据需求曲线，消费者愿意支付 P_1 的价格购买全部产量，于是实际价格为 P_1。根据第一期的价格 P_1，生产者会根据既定的供给曲线，将下期的产量增加为 Q_2。在第二期中，生产者为了销出全部产量 Q_2，必须接受消费者所愿支付的价格 P_2，于是第二期实际价格下降为 P_2。依此下去，生产者会根据第二期较低的价格 P_2 决定第三期的产量 Q_3，而在第三期，消费者愿意以 P_3 的价格购买全部的产量 Q_3，即实际价格又上升为第三期的 P_3，生产者又将根据 P_3 确定第四期的产量 Q_4，如此循环下去，实际产量和实际价格的波动幅度越来越小，最后恢复到均衡点 E 所代表的水平。这说明 E 点的均衡状态是一种稳定的均衡，因为由于外在原因，当价格和产量偏离均衡值（P_e 和 Q_e）后，经济体系中有自发的因素，促使价格和产量自动恢复均衡状态。图中的产量与价格变化的路径形成了形似蜘蛛网的图形，这种蛛网称为收敛型蛛网，而把商品的供给弹性小于需求弹性称为形成收敛型蛛网的条件。

第二种情况：产品供给弹性大于需求弹性——发散型蛛网。

当供给量对价格变动的反应程度大于需求量对价格变动的反应程度时，价格波动对产量的影响越来越大，价格与产量的波动越来越强，最后离均衡点越来越远。或者说当需求曲线斜率的绝对值大于供给曲线斜率的绝对值时，当市场由于外力的干扰偏离原有的均衡状态后，实际价格和实际产量上下波动的幅度会越来越大，偏离均衡点越来越远，如图 2-12 所示。

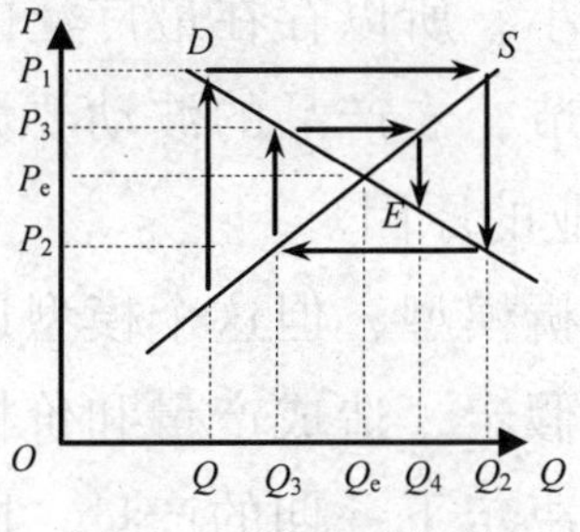

图 2-11　收敛型蛛网

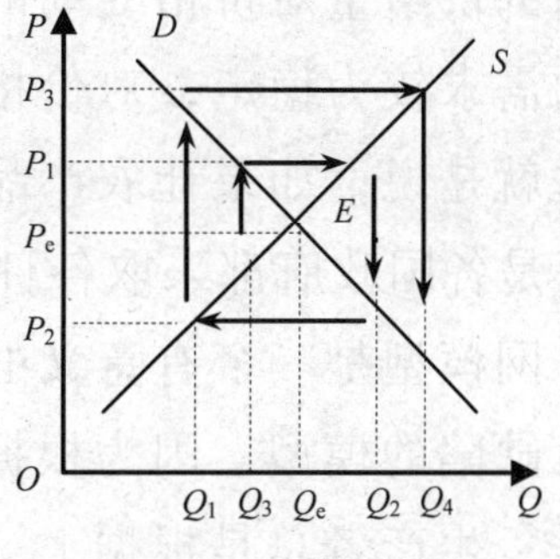

图 2-12　发散型蛛网

假定在第一期由于某种外在因素干扰，实际产量由均衡水平 Q_e 减少为 Q_1。这时消费者愿意支付较高的价格 P_1，购买全部产量 Q_1，即实际价格上升为 P_1。生产者会根据较高的实际价格 P_1 决定下期的产量 Q_2，即第二期的产量会增加为 Q_2，生产者为了售出全部产量 Q_2，接受消费者愿付的价格为 P_2，从而实际价格下降为 P_2，根据这一较低的价格 P_2，生产者将决定三期的产量 Q_3。依此下去，消费者在第三期愿付的价格为 P_3，生产者根据 P_3 决定第四期的产量 Q_4。实际产量与实际价格的波动幅度越来越大，偏离均衡点 E

所代表的均衡产量和均衡价格越来越远。可见 E 点所代表的均衡状态是不稳定的均衡。图中的产量与价格变化的路径形似发散的蛛网，而把商品的供给弹性大于需求弹性称为形成发散型蛛网的条件。

第三种情况：供给弹性等于需求弹性——封闭型蛛网。

当供给量对价格变动的反应程度等于需求量对价格变动的反应程度时，价格与产量的波动始终保持相同的程度，既不是趋向均衡点，也不是远离均衡点。或者说，当供给曲线斜率的绝对值等于需求曲线斜率的绝对值，即供给曲线与需求曲线具有相同的陡峭或平坦程度时，当市场由于受到外力的干扰偏离原有的均衡状态的以后，实际产量与实际价格始终按同一幅度围绕均衡点上下波动，如图 2-13 所示。

因而把供给弹性等于需求弹性称为形成封闭型蛛网的条件。

西方经济学家认为，蛛网模型解释了某些生产周期较长的商品产量与价格波动的情况，尤其用于分析农产品市场发生的周期性波动现象。一般而言，农产品的供给量对价格变动的反应大，但市场

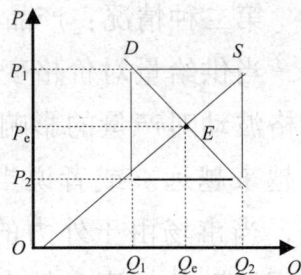

图 2-13　封闭型蛛网

对农产品的需求较为稳定，对价格变动的反应小，所以存在最广泛的是发散型蛛网。这就是说，如果让农产品市场自发调节，农产品的波动要大于其他产品。这正是各国政府都采取各种政策稳定农业的原因。

虽然蛛网模型是一个有意义的动态均衡分析模型，但这个模型还是一个很简单和有缺陷的模型。因为根据这个模型的假定，造成产量和价格波动的主要原因是：生产者总是根据上一期的价格来决定下一期的产量，即上期的价格是生产者对下期的预期价格。而事实是，生产者只能按本期价格来出售由预期价格所确定的产量。这种实际价格与预期价格的不吻合，造成了产量和价格的波动，而这一解释是不全面的。因为现实中的生产者会从自己的经验中逐步修正自己的预期价格，使预期价格与实际价格不断接近，从而使实际产量接近市场的实际需求量。

项目三

消费者决策

任务一　如何衡量消费者的满足程度

能力目标

- 能够运用边际效用递减规律分析现实生活中的经济现象

知识目标

- 了解欲望和效用
- 掌握基数效用论
- 掌握序数效用论

任务引入

美国前总统罗斯福连任三届后，曾有记者问他有何感想，总统一言不发，只是拿出一块三明治面包让记者吃，这位记者不明白总统的用意，又不便问只好吃了。接着总统拿出第二块，记者还是勉强吃了。紧接着总统拿出第三块，记者为了不撑破肚皮，赶紧婉言谢绝。这时罗斯福总统微微一笑："现在你知道我连任三届总统的滋味了吧。"

1. 用经济学的原理解释为什么记者不再吃第三个面包了。

2. 从此案例中可以得到哪些启示？

🌀 任务分析

我们每天都要决定我们的需求，也就是说，决定买什么、买多少。在生活中我们不断做出这些决定，但是需求由什么决定呢？需求产生于消费，是由消费者行为决定的。

消费者又称居民，它提供各种生产要素并获得相应收入。做出消费决策的目的是用有限的收入获得最大的满足程度。

任何居民或家庭所追求的都是自己的最大幸福，对于幸福，不同的人有不同的理解。美国经济学家萨缪尔森提出了幸福方程式，即 $幸福 = \dfrac{效用}{欲望}$，在方程式中，作为分母的人的欲望是无穷的，因此，是否幸福取决于效用的大小，效用越大越幸福。

在这个案例中，记者消费第一块面包和第二块面包的感受是不同的，并且婉拒了第三块面包。这个案例的实质是让我们了解消费者的消费决策是如何决定的，我们对消费者行为的分析就从欲望与效用这两个概念开始。

🖋 相关知识

一、欲望

1. 欲望的含义

欲望是指缺乏的感觉与求得满足的愿望。它是一种心理感觉，是不足之感与求足之愿的统一，两者缺一不可。

2. 欲望的特点

欲望具有无限性和层次性两个特点。

欲望的无限性是指人们的欲望永远不可能完全满足，一种欲望满足之后又会产生其他欲望，即成语说的"欲壑难填"。需要强调的是，欲望的无限性是欲望总体不能得到完全满足，而不是指每一种欲望都永远不能满足。

欲望的层次性是指人类的欲望总体尽管是无限的，但不同的欲望又有轻重缓急之分，可以划分为不同的层次。人们总是在满足了或部分满足了较低层次的欲望后，才会接踵而至地产生较高层次的欲望。

欲望虽然是无限的，但却可以有不同的满足程度。欲望的满足程度可以用效用大小来进行比较和计量。因而，研究消费者行为也就要研究效用问题。

二、效用

1. 效用的含义

效用是消费者在消费活动中所得到的欲望满足程度，是一种主观的心理感受。消费者在消费活动中获得的满足程度高，就是效用大；反之，就是效用小。如果在消费活动中感受到痛苦就是负效用。在理解效用概念时要强调以下几点。

（1）效用的主观性。效用是对欲望的满足，因而它和欲望一样，是一种主观心理感觉。同一数量的同一物品的效用大小没有客观标准，完全取决于消费者在消费当时的主观感受，它会因人、因时、因地而有所不同。例如，香烟对于吸烟者来讲能满足其吸烟的欲望，因而有效用，而对于不吸烟的人来讲则无效用。一桶水在干旱地区有很大效用，而在丰富地区则几乎无效用。

（2）效用不含伦理学判断。只要能满足人们某种欲望的物品就有效用，而这种欲望本身是否符合社会道德规范则不在效用评价范围之内。例如，毒品能满足吸毒者的欲望，它就有效用，而毒品对吸毒者身体的损害、对社会的危害不能否定其效用的存在。

（3）效用计量可大可小，可正可负。人们的消费活动使人们获得了欲望满足，则获得了正效用；若感受到痛苦或不适，则是负效用。

2. 总效用与边际效用的含义

（1）总效用的含义。总效用是消费者消费一定量商品所获得的总的满足程度。总效用的英文缩写是 TU。在效用分析中，商品消费量（Q）是自变量，欲望满足程度（即效用）是因变量。因而，总效用是商品消费量的函数，总效用函数为

$$TU=f(Q)$$

（2）边际效用的含义。边际效用是消费者每增加一单位商品的消费所增加的满足程度。边际效用的英文缩写是 MU。

边际概念是西方经济学中一个非常重要的基本概念。边际的含义是增量，是指自变量增加所引起的因变量的增加量。边际效用是商品消费量（自变量）的增加所引起的总效用（因变量）的增量。边际效用函数为

$$MU = \frac{\Delta TU}{\Delta Q}$$

（3）总效用与边际效用的关系。根据表 3-1 可以做出表示总效用和边际效用的图 3-1 与图 3-2。

表 3-1　总效用与边际效用的关系

饮料的消费量（Q）	总效用（TU）	边际效用（MU）
0	0	-
1	20	20
2	30	10
3	35	5
4	35	0
5	30	-5

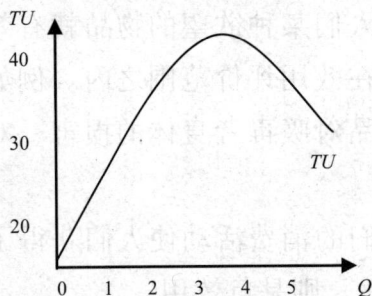

图 3-1　总效用

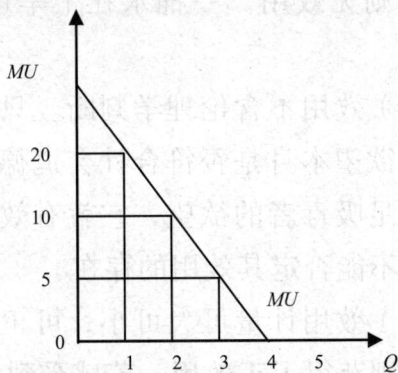

图 3-2　边际效用

在图 3-1 中，横轴代表饮料的消费量，纵轴代表总效用，TU 为总效用曲线。在图 3-2 中，横轴代表饮料的消费量，纵轴代表边际效用，MU 为边际效用曲线。从表 3-1 和图 3-1 与图 3-2 中可以看出，当消费者消费第 1 单位饮料时，总效用为 20 效用单位，由没有消费饮料到消费 1 单位饮料，消费量增加了 1 单位，效用增加了 20 效用单位；当消费者消费第 2 单位饮料时，总效用增加到 30 效用单位，所以边际效用为 10 效用单位。依此类推，消费第 3 单位饮料的边际效用为 5 效用单位。当消费者消费第 4 单位饮料时，他感觉到满足程度并没有继续增加，消费第 3 单位饮料与消费第 4 单位饮料的总效用是相同的，都是 35 效用单位。这时，由于消费者已经不想再喝饮料了，所以总效用也达到了最大值。相应地，第 4 单位的边际效用，即总效用的增量就是 0。如果消费者再消费第 5 单位饮料时，总效用从 35 效用单位下降到 30 效用单位，则边际效用为-5 效用单位，即增加第 5 个单位饮料的消费给消费者所带来的是负效用。

由此可以看出，总效用与边际效用的关系是：当边际效用为正数时，总效用是增加的；当边际效用为零时，总效用达到最大；当边际效用为负数时，总效用减少。

3. 边际效用递减规律

从表 3-1 和图 3-2 中还可以看出，边际效用是递减的。这种情况普遍存在于一切物品的消费中，所以被称为边际效用递减规律。这一规律可以表述如下：随着消费者对某种物品消费量的增加，他从该物品连续增加的消费单位中所得到的边际效用是递减的。

边际效用递减规律可以用以下理由来解释。

第一，生理或心理的原因。人们的消费行为是对人的生理和心理的刺激过程，人们获得欲望的满足，即获得效用是对这种刺激的反应。人们消费一种物品的数量越多，即某种刺激的反复，使人们生理上的满足和心理上的反应减少，从而满足程度减少。我们在消费同一种物品，例如连续吃巧克力时，都会有这种感觉。

第二，物品本身用途的多样性。每一种物品都有多种用途，不同用途的重要性是不同的。消费者总是先把物品用于最重要的用途。当他有若干这种物品时，把第 1 单位用于最重要的用途，其边际效用就大，把第 2 单位用于次重要的用途，其边际效用就小了。依此类推，用途越来越不重要，边际效用就递减了。例如，某消费者有 3 块朱古力，他会把第 1 块用于最重要的充饥，满足生理需要；把第 2 块用于馈赠朋友，满足爱的需要；把第 3 块用于施舍，满足自我实现中对善的追求。由于这三块朱古力的重要性依次递减，因而其边际效用也是递减的。由此看来，边际效用递减规律是符合实际情况的。

4. 消费者偏好的含义

消费者偏好是指消费者对不同商品或商品组合的喜好程度。消费者对不同的商品组合的偏好，也就是喜好的程度是可以有差别的。这种偏好程度的差别决定了不同商品组合效用的大小顺序。例如，A、B 两种商品组合，若消费者对 A 组合的偏好程度大于对 B 组合的偏好程度，则可以说 A 组合的效用

水平大于 B 组合。若消费者对 A 组合与 B 组合的偏好程度相同，则可以说两种组合的效用水平无差异。

三、效用评价

消费者行为理论要研究效用最大化的实现，首先遇到的就是对效用大小的比较和评价问题。有些经济学家认为效用大小可以用具体数字进行计量；而另外一些经济学家则认为效用大小不能准确量化，而只能以顺序来进行比较。这就是在效用评价理论发展过程中先后出现的基数效用论和序数效用论。基数和序数这两个术语来自数学。基数是指 1、2、3……，是可以加总的。序数是指顺序或等级，即第一、第二、第三……，或最大、其次……最小，序数是不能加总的。

1. 基数效用论

基数效用论者认为，效用是可以计量并加总求和的，效用的大小可以用基数（1、2、3……）来表示，也就是说，效用的大小能用数字表示出来并且可以进行计算和比较。例如，某个消费者在一个特定的条件下吃了一个面包，他认为获得了 5 个效用单位的欲望满足，他又喝了一瓶汽水，认为获得了 3 个单位的欲望满足。这样，该消费者总共获得了 8 个效用单位的欲望满足程度。

基数效用论采用边际效用分析法分析消费者效用最大化的问题。

2. 序数效用论

序数效用论是为了弥补基数效用论的缺点而提出来的另一种研究消费者行为的理论。其基本观点是：效用作为一种心理现象无法计量，也不能加总求和，效用评价只能用序数来比较不同消费行为的欲望满足程度的高低。例如，我们很难准确计量消费者吃一个面包或喝一瓶汽水所能获得的欲望满足程度，更不可能加总求和。因而，序数效用论的评价方法缺乏客观性和说服力。但序数效用论认为效用还是可以比较大小的。消费者可以用序数来比较吃面包和喝汽水哪一个消费行为给他带来更大的欲望满足。他可以认为，在当时的特定条件下，一个面包的效用大于一瓶汽水的效用，但不可能准确地知道大了多少。现代西方经济学家普遍采用序数效用论观点。

序数效用论采用无差异曲线分析法分析消费者效用最大化的问题。

任务实施

一、记者不再吃第三个面包的原因

边际效用递减规律可以解释记者不吃第三个面包的原因。总效用是消费一定量某物品与劳务所带来的满足程度。边际效用是某种物品的消费量增加一单位所增加的满足程度。假定，记者消费一个面包的总效用是 10 效用单位，2 个面包是总效用为 18 个效用单位，如果记者再吃 3 个面包总效用还为 18 个效用单位。记者消费一个面包的边际效用是 10 效用单位，2 个面包的边际效用为 8 个效用单位，如果记者再吃 3 个面包边际效用为 0 个效用单位。这几个数字说明记者随着消费面包数量的增加，边际效用是递减的。为什么记者不再吃第三个面包，因为再吃不会增加效用。

二、从此案例中可以得到什么启示

边际效用递减规律对经营者具有重要的启发意义。首先企业经营者要正确分析消费者的心理，力求产品迎合消费者的偏好，生产适销对路的产品。企业要使自己生产出的产品能卖出去，而且能卖高价，不仅要了解当前的消费时尚，还要善于发现未来的消费时尚。这样才能从消费时尚中了解到消费者的偏好及变动，并及时开发出能满足这种偏好的产品。其次，积极推进产品的自主研发和创新，做到"人无我有，人有我优，人优我专"。

由于消费者连续消费一种产品的边际效用是递减的，因而当消费者持续购买一种商品时，它带给消费者的边际效用就在递减，消费者愿意支付的价格就越低，甚至干脆不予理会。因此，企业要多进行产品的自主创新。这主要包括：第一是产品的种类和式样创新。经营者要不断创造出多样化的产品。即使是同类产品，只要有独到之处，也不会引起边际效用递减。例如，同类服装做成不同式样，就成为不同产品，就不会引起边际效用递减。第二要进行质量创新。所谓质量创新，就是要不断优化产品自身质量和服务质量，不断提高产品自身及厂商满足人们需要的能力，进而提高消费者的满足程度。第三要多开发新产品。海尔集团就是自主创新的典范。当年，如果没有张瑞敏动员全体工人砸掉所有不合格冰箱的阵痛，就没有海尔产品的高水准和高质量；如果没有海尔人坚持"自主创新，追求卓越"的企业文化，就没有海尔家庭网络产品、变频 A8 双动力洗衣机、宇航变频冰箱、海尔流媒体电视等一系列新产品的问世，更不会有今天享誉海内外的海尔品牌。第四，经营者要大力做好宣传工作。宣传工作对于未来消费时尚的成长和发展具有一定的引导作用。尤其要利用优质的产品和服务，形成品牌效应。当前的消费市场上，知名品牌在消费者心目中有很高的认同度，可以直接影响消费者的偏好。当然，品牌是以产品的高质量、高效用为前提的，因而必须先从提高产品效用入手，进而提高产品的市场竞争力。

企业要使自己生产出的产品能卖出去，而且能卖高价，就要分析消费者的心理，能满足消费者的偏好。一个企业要成功，不仅要了解当前的消费时尚，还要善于发现未来的消费时尚。这样才能从消费时尚中了解到消费者的偏好及变动，并及时开发出能满足这种偏好的产品。同时，消费时尚也受广告的影响。一种成功的广告会引导着一种新的消费时尚，左右消费者的偏好。所以说，企业行为从广告开始。

消费者连续消费一种产品的边际效用是递减的。如果企业连续只生产一种产品，它带给消费者的边际效用就在递减，消费者愿意支付的价格就低了。因此，企业的产品要不断创造出多样化的产品，即使是同类产品，只要不相同就不会引起边际效用递减。同类产品做成不同式样，就成为不同产品，宝洁公司就做得相当好。洗发水就有很多品牌，满足不同类型的消费者，这样就不会引起边际效用递减。如果是完全相同，则会引起边际效用递减，消费者不会多购买，也就会影响效益的增长。边际效用递减原理告诫我们，企业要不断地创新，要研究消费者的需求变化，丰富产品的类型，生产不同的产品以满足消费者需求，减少边际效用规律的变化给企业带来的不利影响。

思考题

一、选择题

1. 一个消费者想要一单位 X 商品的心情甚于想要一单位 Y 商品，原因是（　　）。

  A. 商品 X 有更多的效用   B. 商品 X 的价格较低

  C. 商品 X 紧缺   D. 商品 X 是满足精神需要的

2. 总效用曲线达到顶点时，（　　）。

A.　边际效用曲线达到最大点

B.　边际效用为零

C.　边际效用为正

3.　序数效用论认为，商品效用的大小（　　　）。

A.　取决于它的使用价值　　　　B.　取决于它的价格

C.　不可比较　　　　　　　　　D.　可以比较

二、思考题

1.　什么是欲望？什么是效用？

2.　为什么要消费？消费的原则是什么？

3.　简述基数效用论和序数效用论。

🏠 **知识链接**

马斯洛需要层次论

提到衡量消费者的满足程度，就要分析消费者的需求，那么就不得不说说马斯洛需要层次论。需要层次论是研究人的需要结构的一种理论，是美国心理学家马斯洛（Abraham H. Maslow，1908～1970）所首创的一种理论，如图 3-3 所示。他在 1943 年发表的《人类动机的理论》（A Theory of Human Motivation Psychological Review）一书中提出了需要层次论。这种理论的构成根据 3 个基本假设：

（1）人要生存，他的需要能够影响他的行为。只有未满足的需要能够影响行为，满足了的需要不能充当激励工具。

（2）人的需要按重要性和层次性排成一定的次序，从基本的（如食物和住房）到复杂的（如自我实现）。

（3）当人的某一级的需要得到最低限度满足后，才会追求高一级的需要，如此逐级上升，成为推动继续努力的内在动力。

马斯洛提出需要的 5 个层次，如图 3-3 所示。

（1）生理需要。是个人生存的基本需要。如吃、喝、住处。

（2）安全需要。包括心理上与物质上的安全保障，如不受盗窃和威胁，预防危险事故，职业有保障，有社会保险和退休基金等。

（3）社交需要。人是社会的一员，需要友谊和群体的归属感，人际交往需要彼此同情互助和赞许。

（4）尊重需要。包括要求受到别人的尊重和自己具有内在的自尊心。

（5）自我实现需要。指通过自己的努力，实现自己对生活的期望，从而对生活和工作真正感到很有意义。

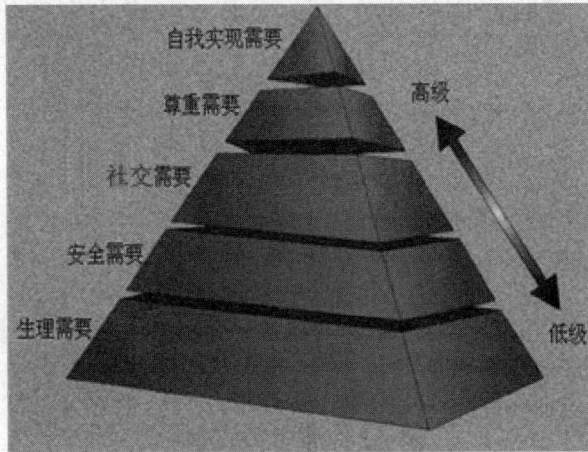

图 3-3　马斯洛需要层次论

马斯洛的需要层次论认为，需要是人类内在的、天生的、下意识存在的，而且是按先后顺序发展的，满足了的需要不再是激励因素等。

几乎所有的介绍马斯洛的书籍都这样介绍他的需要层次论，但是，这实际上存在一定的不完整性。马斯洛本人的著作中对需要层次论作了更多的探讨。首先，除了广为人知的以上五种需要外，马斯洛还详细说明了认知和理解的欲望、审美需要在人身上的客观存在，但是他也说明，这些需要不能放在基本需要层次之中。

对马斯洛的观点存在着许多争论。许多人从不同的角度批评马斯洛的观点或者提出自己的需要层次学说，但到目前为止，马斯洛的观点仍然是最被广泛传播的一种。比如，奥尔德弗（C. P. Alderfer）于 1969 年在《人类需要新理论的经验测试》一文中修正了马斯洛的论点，认为人的需要不是分为 5 种而是分为 3 种。

（1）生存的需要（Existence）。包括心理与安全的需要。

（2）相互关系和谐的需要（Relatedness）。包括有意义的社会人际关系。

（3）成长的需要（Growth）。包括人类潜能的发展、自尊和自我实现。奥尔德弗需要论，简称为 ERG 需要理论。

这两种理论的不同点是：奥尔德弗经过大量调查证明，这些需要不完全是天生的。需要层次论建立在满足——上升的基础上，ERG 理论不仅体现满足——上升的理论，而且也提到了挫折——倒退这一方面。挫折——倒退说明，较高的需要得不到满足时，人们就会把欲望放在较低的需要上。ERG 理论认为需要次序并不一定如此严格，而是可以越级的，有时还可以有一个以上的需要。

任务二　消费者如何进行商品购买才能实现最大满足

能力目标
● 学会运用边际效用分析法及无差异曲线分析法确定消费者均衡
知识目标
● 了解消费者均衡
● 掌握边际效用分析法
● 掌握无差异曲线分析法

任务引入

假设当消费者的嗜好既定、收入既定，并且所要购买的物品的价格也是既定的。某消费者的货币收入为 8 币单位，即 $M=8$ 要购买的 X 品与 Y 品的价格均为 1 货币单位，即 $P_x=1$，$P_y=1$。如何购买才能使消费者实现最大的满足？

任务分析

每一位消费者都希望用有限的收入购买到能够提供给消费者最大满足的商品。上述问题的实质就是研究消费者在收入既定的情况下，如何实现效用最大化的问题。依据基数效用论和序数效用论的观点，相应地，我们可以通过边际效用分析法和无差异曲线分析法来解决这个问题。

相关知识

一、边际效用分析法

1. 消费者均衡的含义

用边际效用分析法分析消费者效用最大化问题，实际就是分析如何实现消费者均衡。消费者均衡所研究的就是消费者如何把有限的货币收入分配在各种商品的购买中，以实现效用最大化的问题。这里的均衡是指消费者实现最大效用时的商品购买组合是一种最佳的、不应再做任何调整的、相对稳定的商品组合。

2. 实现消费者均衡的假设

（1）消费者的嗜好是既定的。消费者对各种物品效用与边际效用的评价是既定的，不会发生变动。由于效用的主观性，同一消费者对同一种商品组合的效用评价会因时、因地的不同而发生变化。确定最佳消费决策，只有在消费者的消费行为发生在一个既定的时间、地点和环境的条件下才有意义。

（2）消费者的收入是既定的。一般而言，消费者在不同收入条件下所能购买到的商品数量是不同的，不同的购买量会获得不同的效用。只有在相同的收入条件下，不同的消费决策中选择效用最大化的消费决策才有意义。

（3）商品的价格是既定的。由于商品价格的变化会引起最佳消费组合的变化，因而假定商品价格不变。

（4）每 1 单位货币的边际效用是对消费者都是相同的。人们用货币购买商品，实际上就是用货币的效用去交换其他商品的效用。只有假定货币的边际效用是不变的，才能用货币的效用去衡量其他商品的效用。

消费者均衡正是要说明在这些假设条件下，消费者如何把有限收入分配在各种物品的购买与消费上，以获得最大效用。

3.用边际效用分析法实现消费者均衡

在运用边际效用分析法来分析消费者均衡的条件，即消费者如何进行商品的最佳购买组合，以实现其消费效用的最大化时，可以用以下两个公式加以说明：

$$P_x \cdot Q_x + P_y \cdot Q_y = M \qquad (1)$$

$$\frac{MU_x}{P_x} = \frac{MU_y}{P_y} = MU_m \qquad (2)$$

其中，P 表示商品价格，Q 表示商品的购买量，M 表示消费者的货币收入，MU 表示边际效用，X、Y 为消费者所购买的两种商品。公式（1）是消费者的限制条件，说明收入是既定的，购买 X 与 Y 商品的支出不能超过收入，也不能小于收入。超过收入的购买是无法实现的，而小于收入的购买则达不到既定收入时的效用最大化。公式（2）是消费者均衡的条件，即所购买的 X 与 Y 商品带来的边际效用与其价格之比相等，也就是说，每 1 单位货币不论用于购买 X 商品，还是购买 Y 商品，所得到的边际效用都相等。

如果所消费的不是两种商品，而是多种商品，假设各种商品的价格分别为 P_1，P_2，…，P_n，购买量分别为 Q_1，Q_2，…Q_n，各种商品的边际效用分别为 MU_1，MU_2，…，MU_n，则可以把消费者均衡的条件写为

$$P_1 \cdot Q_1 + P_2 \cdot Q_2 + \cdots + P_n \cdot Q_n = MU_m \qquad (3)$$

$$\frac{MU_1}{P_1} = \frac{MU_2}{P_2} = \cdots = \frac{MU_n}{P_n} = MU_m \qquad (4)$$

由此可以得出消费者均衡的条件是：消费者用全部收入所购买的各种商品所带来的边际效用，与为购买这些商品所支付的价格的比例相等，或者说每 1 单位货币所得到的边际效用都相等。

二、无差异曲线分析法

1. 无差异曲线

（1）无差异曲线的含义。无差异曲线是用来表示给消费者带来相同效用的两种商品的不同数量组合的线。

假设某个消费者面临着 X、Y 两种商品，这两种商品可以有 a、b、c、d、e、f 共六种不同的消费组合。这六种组合都能给该消费者带来相同的效用，如表 3-2 所示。

表 3-2　消费者的无差异表

组合方式	X 商品	Y 商品
a	5	30
b	10	18
c	15	13
d	20	10
e	25	8
f	30	7

根据表 3-2，可以做出图 3-4。

在图 3-4 中，横轴代表商品 X 的数量，纵轴代表商品 Y 的数量，a、b、c、d、e、f 各点表示 6 种不同的商品 X 与 Y 的数量组合，将各点连接起来的曲线 I 就是无差异曲线。无差异曲线上的任何一个点所表示的商品组合虽然都各不相同，但它们在消费者偏好既定条件下给消费者所带来的效用，即满足程度都是相同的。

51

（2）无差异曲线的特征

第一，无差异曲线是一条向右下方倾斜的曲线，其斜率为负值，它表明在收入与价格既定的条件下，为了获得同样的满足程度，增加一种商品就必须减少另一种商品，两种商品在消费者偏好不变的条件下，不能同时减少。

第二，在同一平面图上有无数条无差异曲线，如图 3-5 所示，同一条无差异曲线代表同样的满足程度，不同的无差异曲线代表不同的满足程度，离原点越远，满足程度越大，反之则越小。在图 3-5 中，I_1、I_2、I_3 是三条不同的无差异曲线，它们分别代表不同的效用水平，其效用比较为 $I_1 < I_2 < I_3$。

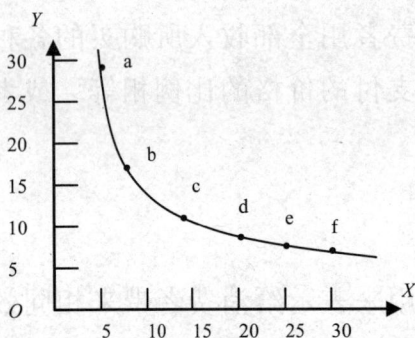

图 3-4　无差异曲线

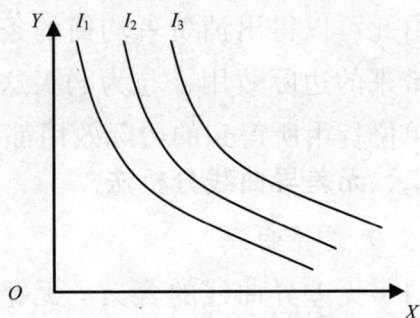

图 3-5　多条无差异曲线

第三，在同一平面图上，任意两条无差异曲线不能相交，否则与第二点矛盾。

第四，无差异曲线是一条凸向原点的线。这是由商品的边际替代率递减所决定的。

2. 商品边际率递减规律

（1）边际替代率的含义

边际替代率是消费者在保持相同满足程度时增加一种商品数量与必须放弃的另一种商品数量之比，如果以 ΔX 代表 X 商品的增加量，ΔY 代表 X 商品的减少量，MRS_{xy} 代表用 X 商品代表 Y 商品的边际替代率，则边际替代率的公式表示如下：

$$MRS_{xy} = \frac{\Delta Y}{\Delta X}$$

例如，增加 4 单位 X 商品，减少 2 个单位 Y 商品，则以 X 商品代替 Y 商品的边际替代率为 0.5。应该注意的是，在保持效用水平相同时，增加一种商品就必然要减少另一种商品，因此，边际替代率应该是负值。无差异曲线的斜率就是边际替代率，无差异曲线向右方倾斜就表明边际替代率为负值。但为了方便起见，我们一般用其绝对值。

（2）边际替代率递减规律

边际替代率递减规律是指在维持效用水平不变的前提下，消费者为增加每 1 单位的某种商品的消费所要放弃的另一种商品的消费数量是递减的。

我们可以根据表 3-2 中的资料来计算以 X 商品代替 Y 商品的边际替代率，如表 3-3 所示。

表 3-3 商品边际替代率表

变动情况	ΔX	ΔY	MRS$_{xy}$
A→B	5	12	2.4
B→C	5	5	1
C→D	5	3	0.6
D→E	5	2	0.4
E→F	5	1	0.2

在表 3-3 中，ΔX 是 X 商品的增加量，ΔY 是 X 商品的减少量，MRS_{xy} 应该是负值。在保证消费者效用水平不变的前提下，商品组合方式由 A 组合转换到 B 组合，消费者为了增加 5 单位 X 商品的消费，就必须放弃 12 单位 Y 商品的消费，这时的边际替代率 $MRS_{xy} = \dfrac{\Delta Y}{\Delta X} = \dfrac{12}{5} = 2.4$。由 B 组合方式转换到 C 组合方式，边际替代率递减到 1。也就是说，在保证效用水平不变的前提下，继续增加 X 商品的消费所必须放弃的 Y 商品的消费数量减少了。依此类推，当消费组合方式由 E 组合转换到 F 组合时，边际替代率减少到 0.2。由此可见，边际替代率递减是指边际替代率的绝对值在减少。从表 3-3 的分析中可以看出 MRS_{xy} 的数值从 2.4 一直下降到 0.2。这种情况普遍存在于任何两种商品的正常替代过程中，所以称为边际替代率递减规律。

（3）边际替代率递减的原因

边际替代率递减的原因是，随着 X 商品的增加，它的边际效用在递减；随着 Y 商品的减少，它的边际效用在递增。这样，每增加一定数量的 X 商品，所能代替的 Y 商品数量就越来越少，即 X 商品以同样的数量增加时，所减少的 y 商品数量越来越少。或者说，在 $MRS_{xy} = \dfrac{\Delta Y}{\Delta X}$ 这个公式中，当分母 ΔX 不变时，分子 ΔY 在不断减少，从而分数值减少。

从以上的解释可以看出，边际替代率递减规律实际上就是用无差异曲线的形式来表述的边际效用递减规律。因为边际替代率递减正是由于随着某商品消费数量的增加，其边际效用是递减的。

3. 消费可能线的含义

研究序数效用条件下的消费者均衡，首先要建立消费可能线。消费可能线又称预算约束线，它是一条表明在消费者收入与商品价格既定的条件下，消费者用全部收入所能购买到的两种商品数量最大组合的线。

消费可能线表明了消费者消费行为的限制条件。这种限制条件就是购买物品所花的钱不能大于收入，也不能小于收入。大于收入是在收入既定条件下无法实现的，小于收入则无法实现效用最大化。这种限制条件可以写为

$$M = P_x \cdot Q_x + P_x \cdot Q_y$$

也可写为

$$Q_y = \frac{M}{P_y} - \frac{P_x \cdot Q_x}{P_y} \qquad （5）$$

这是一个直线方程式，其斜率为 $-\frac{P_x}{P_y}$。因为 M、P_x、P_y 为既定常数，所以给出 Q_x 的值，就可以解出 Q_y。当然，给出 Q_y 的值，也可以解出 Q_x。

如果 $Q_x=0$，则 $Q_y = \frac{M}{P_y}$。

如果 $Q_y=0$，则 $Q_x = \frac{M}{P_x}$。

假设某消费者收入 $M=60$ 元，他面临着两种商品 X 与 Y，它们的价格分别为：$P_x=20$ 元，$P_y=10$ 元。则有 $Q_x=0$，$Q_y=6$；$Q_y=0$，$Q_x=3$。这样就可以作图 3-6：

在图 3-6，连接 AB 两点的直线就是消费可能线。该线上的任何一点都是在收入与价格既定的条件下，消费者所能购买到的 X 商品与 Y 商品的最大数量组合。例如，在 C 点，购买 4 单位 Y 商品、1 单位 X 商品，正好用完 60 元（$10 \times 4+20 \times 1=60$ 元）。该线内的任何一点，所购买的 X 商品与 Y 商品的组合均是可以实现的，但并不是最大数量的组合，即没有用完收入。例如，在

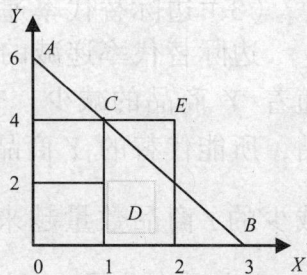
图 3-6 消费可能线

D 点，购买 2 单位 Y 商品、1 单位 X 商品，只用了 40 元（$10 \times 2 + 20 \times 1 = 40$ 元）。在该线外的任何一点，所购买的 X 商品与 Y 商品的组合大于 CX 点时，无法实现，因为所需花费的钱超过了既定的收入。例如，在 E 点，购买 4 单位 Y 商品、2 单位 X 商品，大于 C 点的 4 单位 Y 商品、1 单位 X 商品，这时要支出 80 元（$10 \times 4 + 20 \times 2 = 80$ 元），超过了既定的收入 60 元，消费需求无法实现。

图 3-6 的消费可能线是在消费者的收入和商品价格既定条件下做出的，如果消费者的收入和商品的价格改变了，则消费者可能线就会变动。如果商品价格不变而消费者的收入变动，则消费可能线会平行移动。收入增加，消费可能线向右上方平行移动；收入减少，消费可能线向左下方平行移动，如图 3-7 所示。如果收入不变而两种商品的价格变动，则消费可能线也要移动，但并不是平行移动，如图 3-8 所示。

在图 3-7 中，AB 是原来的消费可能线。消费者所要购买的两种商品为汽水和面包。当收入增加时，消费可能线移动到 A_1B_1 的位置，意味着消费者可以购买更多的汽水与面包的数量组合；当收入减少时，消费可能线移动到 A_2B_2 的位置，意味着消费者只能购买较少的汽水和面包的数量组合。如果消费者收入不变，而汽水和面包两种商品的价格以同比例上升或下降，则其结果与收入变动相同。

在图 3-8 中，消费者的收入与汽水的价格不变，而面包的价格下降，则消费可能线由 AB 移动到 AB_1 的位置，意味着消费者在汽水购买量不变的情况下，可以购买到更多的面包。如果汽水的价格上升，而面包的价格不变，则会引起消费者可能线发生什么样的变动？请同学自己进行分析。

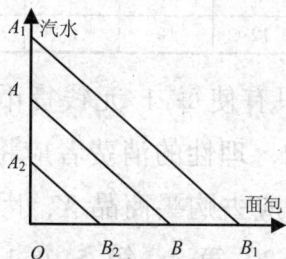

图 3-7　收入变动对消费可能线的影响　　图 3-8　面包的价格下降与汽水价格不变时的消费可能线

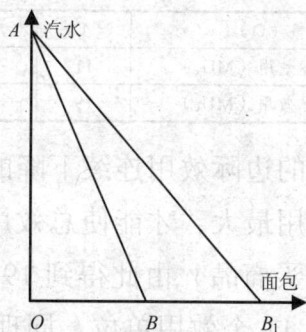

4. 用无差异曲线和消费可能线实现消费者均衡

序数效用论是将无差异曲线与消费可能线结合在一起来分析消费者均衡的实现这一问题的。如果我们把无差异曲线与消费可能线合放在一个坐标图上，就会发现消费可能线必定与无数条无差异曲线中的一条相切于一点。在这个切点上，就实现了消费者均衡，可以用图 3-9 说明。

在图 3-9 中，I_1、I_2、I_3 分别代表 3 条无差异曲线，它们的效用大小顺序为 $I_1 < I_2 < I_3$，AB 为消费可能线。AB 线与 I_2 相切于 E 点，这时实现了消费者均衡。也就是说，在收入与价格既定的条件下，消费者购买 ON 的 X 商品和 OM 的 Y 商品，就能获得最大的效用。

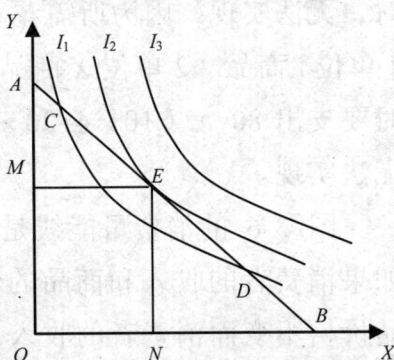

图 3-9　消费者均衡图

任务实施

当消费者的嗜好既定、收入为 8 货币单位，并且所要购买的 X 商品与 Y 商品的价格均为 1 货币单位时，我们可以采用边际效用分析法和无差异曲线分析法来确定该消费购买 X 商品和 Y 商品的最佳数量组合。

1. 边际效用分析法

首先要知道 X 商品和 Y 商品的边际效用。假设 X 商品与 Y 商品的边际效用评价如表 3-4 所示。

表 3-4　某消费者的边际效用表

商品数量（Q）	1	2	3	4	5	6	7	8
商品 X 的边际效用（MU_x）	11	10	9	8	7	6	5	4
商品 Y 的边际效用（MU_y）	19	17	15	13	12	10	8	6

在商品的边际效用连续下降的情况下，消费者只有使每 1 元钱货币所带来的边际效用最大，才能使总效用最大。根据表 3-2，理性的消费者应将第 1 个 1 元钱购买商品 Y，由此得到 19 个效用单位，而不应去购买商品 X，因为那样只能获得 11 个效用单位。同理，他应将第 2、第 3、第 4、第 5 个 1 元钱也去购买商品 Y，分别获得 17、15、13、12 个效用单位，因为它们都大于购

买第 1 件商品 X 所获得的 11 个效用单位。然后，他应将第 6 个 1 元钱转而购买第 1 件商品 x，获得 11 个效用单位，它大于第 6 件商品 Y 的 10 个效用单位。最后，他用第 7 个 1 元钱和第 8 个 1 元钱分别购买第 2 件商品 x 和第 6 件商品 Y。这时，分别花在这两种商品上的最后 1 元钱的边际效用是相等的，都是 10 个效用单位。至此，消费者均衡实现。

结论：最佳购买组合 $Q_x=2$，$Q_y=2$

验证：

$$P_x \cdot Q_x + P_y \cdot Q_y = 1 \times 2 + 1 \times 6 = 8 = M$$

$$\frac{MU_x}{P_x} = \frac{MU_y}{P_y} = \frac{10}{1} = 10 = MU_m$$

此时，消费者获得了最大的总效用：

$$19+17+15+13+12+11+10+10=107$$

1 元钱货币的边际效用：

$$MU_m = 10$$

2. 无差异曲线分析法

（1）采用无差异曲线分析法首先要做出预算线。消费者收入 $M=8$ 元，他面临着两种商品 X 与 Y，各自的价格为 $P_x=1$，$P_y=1$。根据以上条件我们能做出一条预算线 AB（消费可能线），如图 3-10 所示。预算线是消费者消费行为的限制条件。这种限制就是消费者的消费支出不能大于 8 元，也不能小于 8 元。大于 8 元的消费组合是无法实现的；小于 8 元的消费组合则无法实现效用最大化。

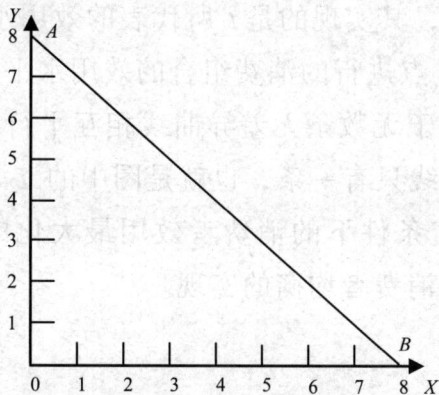

图 3-10 预算线

（2）我们知道在同一平面上可以有无数条无差异曲线。如果把预算线与无差异曲线合并到一个坐标图上，那么图 3-10 中的预算线必定与无数条无差异曲线中的某一条相切于 E 点，如图 3-11 中的消费者均衡图所示，E 点就是消费者均衡点。也就是说在消费者的收入为 8 元，两种商品的价格均为 1 元的条件下，消费者购买 ON 的 X 商品和 OM 的 Y 商品就能实现最大的效用。

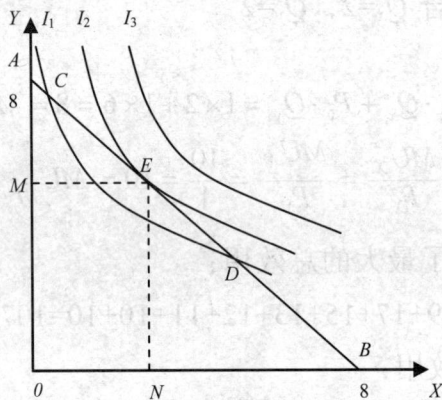

图 3-11　消费者均衡图

为什么只有在 E 点时才能实现消费者均衡呢？从图 3-11 可以看出，I_3 所代表的效用大于 I_2，但 I_3 与 AB 线既不相交又不相切，说明达到 I_3 效用水平的 X 商品与 Y 商品的数量组合在收入与价格既定的条件下是无法实现的。AB 线与 I_1 相交于 C、D 两点，在 C、D 两点上所购买的 X 商品与 Y 商品的数量也是收入与价格既定条件下最大的组合，但由于 $I_1 < I_2$，说明 C、D 两点上 X 商品与 Y 商品的组合没有达到最大效用，它们所实现的效用水平仍然是 I_1 所表示的效用水平。AB 线与 I_2 线相切于 E 点，说明按 E 点进行消费组合也是现有收入水平所许可的，其实现的是 I_2 所代表的效用水平。由于 I_2 的效用水平大于 I_1，所以，按 E 点进行的消费组合的效用水平就必然大于 C、D 两点的效用水平。此外，由于无数条无差异曲线相互平行，因而能与既定的预算线 AB 相切的无差异曲线只有一条，也就是图中的 I_2 线。由此看来，E 点就成为在收入与价格既定条件下的消费者效用最大化的消费组合点，也就是说，只有 E 点才意味着消费者均衡的实现。

思考题

一、选择题

1. 同一条无差异曲线上的不同点表示（　　　）。

　　A. 效用水平不同，但所消费的两种商品组合比例相同

　　B. 效用水平相同，但所消费的两种商品的组合比例不同

　　C. 效用水平不同，两种商品的组合比例也不相同

　　D. 效用水平相同，两种商品的组合比例也相同

2. 商品 X 和 Y 的价格按相同的比率上升，而收入不变，预算线（　　　）。

　　A. 向左下方平行移动　　　　　B. 向右上方平行移动

　　C. 也不变动　　　　　　　　　D. 向左下方或右上方平行移动

3. 无差异曲线为斜率不变的直线时，表示相结合的两种商品是（　　　）。

　　A. 可以替代的　　　　　　　　B. 完全替代的

　　C. 互补的　　　　　　　　　　D. 互不相关的

二、思考题

1. 说明边际效用与总效用之间的关系。

2. 用边际效用分析法分析消费者均衡。

3. 用无差异曲线分析法图解消费者均衡。

知识链接

价格和收入变动对消费者均衡的影响

在前面的分析中，我们是以消费者的货币收入和商品价格不变作为前提的，但实际上，收入和价格这两个因素都在不断变化，这对消费者均衡会产生很大影响。

一、价格变动对消费者均衡的影响

价格变化对消费的影响通常用价格—消费曲线来分析。

我们先用图 3-12 来分析在收入不变、价格变化的条件下，消费者均衡点变动的情况。为了分析方便起见，我们先假定一种商品的价格不变，而

另一种商品价格变动的情况。

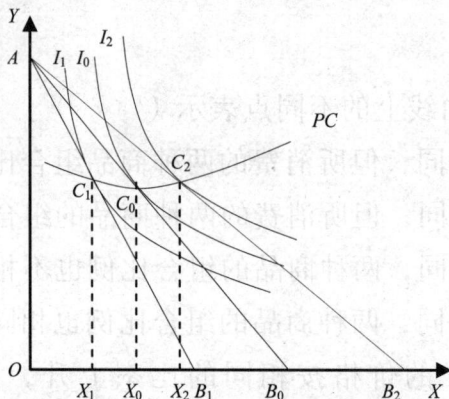

图 3-12 价格—消费曲线图

在图 3-12 中，点 C_0 为最初的均衡点，X_0 为最初均衡时的购买量。现在假定消费者的收入和 Y 商品的价格不变，X 商品的价格上升。这样，消费可能线 AB_0 将以点 A 为圆心顺时针方向移动到 AB_1，并与另一条表示效用较低的无差异曲线 I_1 相切于点 C_1。点 C_1 即为 X 商品价格上升后的消费者均衡点。从均衡点的变化可以看出，当 X 商品价格上升时，消费者将减少对该商品的购买量，从而减少了消费效用的满足程度。如果 X 商品的价格下降，消费可能线 AB_0 将以点 A 为圆心逆时针方向移动到 AB_2，并与另一条表示更高效用水平的无差异曲线 I_3 相切于点 C_2。点 C_2 即为 X 商品价格下降后的消费者均衡点，此时，X 商品购买量为 X_2。从均衡点的变动情况可以看出，当某种商品价格下降时，消费者将增加对该商品的购买量，从而增加他的满足程度。根据上述原理，也可以描述当消费者的收入和 X 商品的价格不变，Y 商品的价格上升和下降时均衡点变化的情况。我们把价格变动导致的不同均衡点连接起来所形成的曲线（图中连接 C_1、C_0、C_2 形成曲线 PC）称作价格—消费曲线，它是在消费者收入不变的条件下，如果价格发生变动，消费者均衡点或消费者最佳购买行为的变动趋势。

价格—消费曲线可以用来说明需求曲线是由消费者行为决定的。根据图 3-12 中与各个 X 商品的价格（这种价格隐含在各条消费可能线中）对应的消费者购买的 X 商品的数量（X_1、X_0、X_2），可以描绘出消费者对 X 商品的需求曲线。由此可见，用无差异曲线分析法也可以推导出表明价格与需求量成反方向变动的、向右下方倾斜的需求曲线。

二、收入变动对消费者均衡的影响

收入变动对消费的影响是用收入—消费曲线来分析的。

假定在价格不变、收入水平变动的条件下，分析消费者均衡点的变化情况。在图 3-13 中，A_1B_1、A_2B_2、A_3B_3、A_4B_4 分别表示收入依次递增的消费可能线，I_1、I_2、I_3、I_4 分别表示不同收入水平下达到消费者均衡的两种商品的无差异曲线，M、N、O、P 分别表示不同收入水平下的消费者均衡点。

从图 3-13 中可以看出，随着收入的增加，消费者均衡点依次向原点之外推移，我们把这些均衡点连起来构成的曲线 IC 称为收入—消费曲线。收入—消费曲线上的任何一点，都是消费者在相应收入水平下所能选择的使自己获得最大满足程度的商品组合点。在商品价格不变的条件下，收入越多，均衡点的位置离原点越远。这表明消费者所能获得的更高效用水平的消费组合方式，或者说消费者将获得越来越多的商品消费，这就是收入对消费者的影响作用。

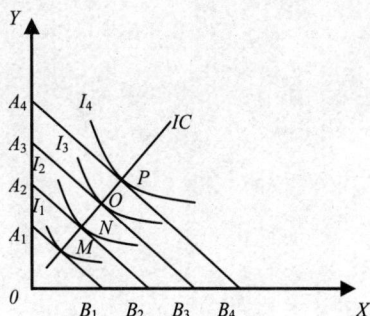

图 3-13 收入—消费均衡图

收入—消费曲线可以推导出恩格尔曲线，这是收入—消费曲线应用的例子。

三、恩格尔曲线

恩格尔曲线是由收入—消费曲线推导而来的。它由 19 世纪德国的统计学家恩斯特·恩格尔提出，用来分析收入变化对某种商品的消费需求的影响。恩格尔曲线是表示消费者收入和某一商品均衡购买量之间关系的曲线，如图 3-14 所示。

在图 3-14 中，横轴 Q 代表商品需求量，纵轴 M 代表收入。当收入不断增加时，消费者对商品的需求量也在不断增加，但不同商品的恩格尔曲线的变化趋势是不同的。在分析收入变动对商品的需求量变动趋势时，我们将商品分为一般商品、高档商品（也称奢侈品）和低档商品。图 3-14（A）反映了一般商品的恩格尔曲线变化趋势，商品的消费量随着消费者收入的增加而增加，但需求量的增加速度要慢于收入的增加速度。图 3-14（B）反映了高档商品的恩格尔曲线变动趋势，商品的消费量是随着消费者收入的增加而增加，但需求量的增长速度要快于收入的增加速度。图 3-14（C）反映了低档商品的恩格尔曲线变动趋势，商品需求量则随着消费者收入的增加而不断减少。

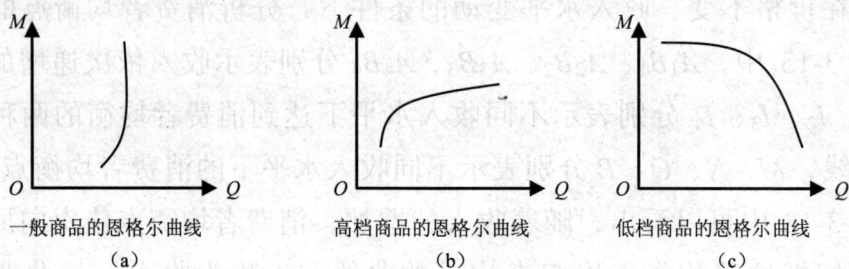

一般商品的恩格尔曲线　　　　高档商品的恩格尔曲线　　　　低档商品的恩格尔曲线
（a）　　　　　　　　　　　　（b）　　　　　　　　　　　　（c）

图 3-14　不同商品的恩格尔曲线

项目四

厂商决策

任务一　生产者的生产有哪几个阶段

能力目标

● 能通过图形找出生产的三个阶段的分界点及合理生产区域

知识目标

● 边际产量

● 边际收益递减规律

● 生产的三个阶段

🖐 **任务引入**

某电工机械厂生产大型连续卷管机中的关键件转盘，当同时用 5 台机床进行加工时，其工人数与日总产量、人均产量的关系见表 4-1。

表 4-1　转盘加工工人数与产量数据表

序号	工人数（人）	日总产量（件）	人均产量（件）	日总产量增加（件）
1	5	40	8	0
2	6	51	8.5	11
3	7	63	9	12
4	8	68	8.5	5
5	9	72	8	4
6	多于9人	下降	下降	负增长

1. 开始时，电工机械厂用 5 名工人加工，一人一台机床。由于每个人既要操作机床，又要做些必要的辅助工作(如相互传递、打扫卫生等)，机床的生产效率没有得到充分发挥，日总产量为 40 件，人均产量为 8 件。

2. 用 6 名工人加工时，有一个人可以做辅助工作，其他 5 个人能够把大部分时间用在机床上，日总产量增加到 51 件，人均产量为 8.5 件，总产量比 5 名工人时增加了 11 件。

3. 用 7 名工人加工时，2 名工人专门负责大部分辅助工作，其他 5 名工人把绝大部分时间盯住机床上，充分发挥了设备的效率，日总产量增加到 63 件，人均产量为 9 件，总产量比 6 名工人时增加了 12 件。

4. 当增加到 8 名工人时，虽然其他 5 名工人可以把全部时间用在机床上，但是新投入的第三个人只能担负一部分辅助工作，有一部分时间没活干，因此总产量虽然增加到 68 件，平均产量为 8.5 件，有所下降，总产量只比 7 名工人时只增加了 5 件。

5. 当增加到 9 名工人时，同样辅助人员有一部分时间没有活干，因此总产量虽然增加到 72 件，但总产量比 8 名工人时只增加了 4 件，平均产量为 8 件。

6. 在这以后，当工人数量增加到 9 人以上时，便人浮于事，人多手杂，职责不清，互相扯皮，废品率进一步增加，导致平均产量继续下降，总产量随着工人人数的增加不但没有增加，反而开始出现下降。这就出现了负增长的阶段。

请分析转盘生产产量的这种变化有什么规律？如果你是该生产车间的主任，根据上述数据，如何来确定工人和机床之间的最优搭配？

任务分析

由表 4-1 可以看出，在机床数始终为 5 台的条件下，产量与工人人数之间的关系，并不是工人越多，产量也一直在递增，而是先增加，后递减，最后出现了负增长，这也是生产者生产的三个阶段。本任务要求学生能够分析生产的各个阶段，并且找出最佳的投入产出点。

相关知识

一、总产量、平均产量与边际产量

总产量（*TP*）指一定量的某种生产要素所生产出来的全部产量。 在上例中，生产要素是指工人，总产量是指全部工人使用 4 台机床所生产的全部转盘数量。

平均产量（*AP*）指平均每单位某种生产要素所生产出来的产量。 在上例中，平均产量是指每名工人所生产的转盘数量。

边际产量（*MP*）指某种生产要素增加一单位所增加的产量。 在上例中，边际产量是指增加一名工人后总产量的增加量。

我们用 Q 代表某种生产要素的量，以 ΔQ 代表某种生产要素的增加量，以 TP 代表总产量，以 AP 代表平均产量，以 MP 代表边际产量，则这三种产量可分别写为

$$TP = AP \times Q$$

$$AP = \frac{TP}{Q}$$

$$MP = \frac{\Delta TP}{\Delta Q}$$

二、边际收益递减规律

边际收益递减规律是指在技术水平不变的情况下，当把一种可变的生产要素投入到一种或几种不变的生产要素中时，最初这种生产要素的增加会使产量增加，但它的增加超过一定限度时，增加的产量将会再现递减，最终还会使产量绝对减少。

通过任务引入的例子我们可以看到，电工机械厂同时用 5 台机床进行加工，机床数量没有改变，只改变了工人的投入数量。

最开始增加工人后，总产量和边际产量是增加的，而且是递增的（工人数由 5 人增加到 6 人后，边际产量为 11 件；工人数由 6 人增加到 7 人后，边际产量为 12 件）。但是随着工人数量的进一步增加，总产量虽然在增加，但是边际产量是递减的（工人数由 7 人增加到 8 人后，边际产量为 5 件）。当工人数量超过 9 人后，总产量开始下降，边际产量也为负数。

收益递减只发生在可变要素的投入量超过一定限度后，而在此之前，产

量收益是递增的。这是因为，一定的技术规定了可变生产要素与不变生产要素之间有一个数量上的最佳配合比例。开始时由于可变要素投入量小于最佳组合比例所需要的数量，可变要素和不变要素的生产率都无法得到充分利用，随着可变要素投入量的逐渐增加，可变要素和不变要素的配合比例越来越接近最佳比例，可变要素和不变要素的生产率都会提高。例如上例，只有当工人人数增加到一定量时，才能在生产中实行有效的分工、协作，提高劳动生产率，所以，可变要素的边际产量呈递增的趋势。当可变要素的投入超过最佳配合比例后，可变要素和不变要素的生产率都会受到影响。例如上例，工人人数过多会导致人浮于事，偷懒怠工，增加监督和管理人员等，使劳动的边际产量和生产率递减。

收益递减作为一个规律是以技术不变为其前提条件的，忽视了这一前提，就会得出悲观的结论。英国经济学家马尔萨斯预言，随着人口的膨胀，需要越来越多的食物，越来越多的劳动耕种土地，收益递减规律最终导致劳动和土地的边际产出和平均产出下降，地球上有限的土地资源将无法提供足够的食物，因而会产生大的饥荒和社会灾难。幸运的是，人类的历史并没有按马尔萨斯的预言发展。马尔萨斯的错误在于忽视了技术的进步。事实上，在马尔萨斯之后，许多国家在食物生产上的技术进步发展神速，这些技术进步包括：生产出抗病的良种，更高效的化肥等，劳动的边际产出和平均产出没有下降反而上升。技术进步不能取消收益递减规律，但能抵消该规律产生的负面效应。马尔萨斯人口论的具体内容详见本任务后的"知识链接"。

【例 4-1】边际递减规律在生活中的运用很多，例如：在农田里撒化肥可以增加农作物的产量，当你向一亩农田里撒第一个 100 千克化肥的时候，增加的产量最多，撒第二个 100 千克化肥的时候，增加的产量就没有第一个 100 千克化肥增加的产量多，撒第三个 100 千克化肥的时候增加的产量就更少甚至减产。也就是说，随着所撒化肥的增加，增产效应越来越低。在科学研究中，如心理学，研究人的记忆规律，发现遗忘率是随着人记忆次数的增加而减少，记忆的次数越多，遗忘的可能性就很少，非常符合边际收益递减规律。

三、生产的三个阶段

在短期生产函数中，产量与可变要素投入量之间的关系，可以用图 4-1

来说明（资本投入量 K 不变，劳动投入量 L 为可变）。

根据 TP、AP 和 MP 曲线的形状，可以进一步把生产区分为三个分阶段：

1. 产量递增阶段

第一阶段又叫做产量递增阶段，劳动的平均产量由 0 到最高点。在这一阶段内，劳动的边际产量大于劳动的平均产量，从而使劳动的平均产量和总产量都在增加。

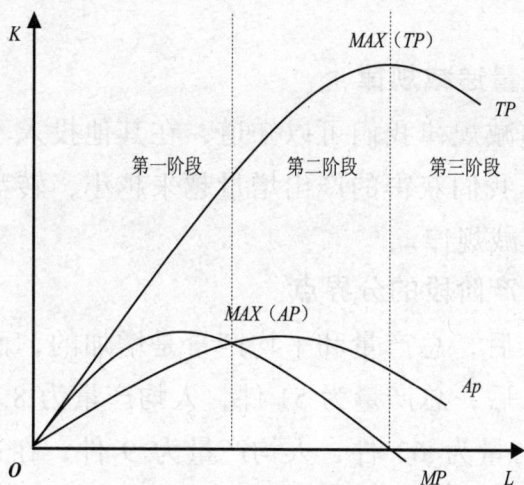

图 4-1　生产的三个阶段

2. 产量递减阶段

第二阶段又叫产量递减阶段，总产量到最高点的阶段。在这一阶段，劳动的边际产量小于劳动的平均产量，从而使平均产量递减，但由于边际产量大于 0，所以，总产量仍然继续增加。

3. 负产量阶段

第三阶段是负产量阶段，即总产量开始下降的阶段。在这个阶段，劳动的边际产量下降为负值，总产量也递减。

上述三个阶段的划分，可以说明厂商生产要素投入的合理区域。假如厂商不考虑单位成本，而希望最大的产量，应在 $MAX(TP)$ 点，这时总产量最大。假如厂商考虑单位成本，不要求最大产量，应在 $MAX(TP)$ 点，这时平均产量最大。但无论如何厂商不会将生产扩大到第三阶段上，因为在这个阶段上，劳动投入的数量相对于资本来说已经太多，总产量已经在下降。厂商也不会将生产停留在第一阶段内，因为在这个阶段，平均产量仍然在增加，劳动投入还没有发挥最大的作用。因此，合理的生产区域是在第二阶段内。在这一阶段内，有许多可选择的产量，究竟厂商选择其中的哪一个产量，这就还要考虑到其他因素。因为平均产量最大时，并不一定是利润最大；总产量最大时，利润也不一定最大。劳动量增加到哪一点实现的利润最大，还要结合成本与产品价格来分析。

➡ 任务实施

一、符合边际产量递减规律

根据边际产量递减规律我们可以知道，在其他投入不变的情况下，随着某一投入量的增加，我们获得的产出增量越来越小，转盘生产产量的这种变化也符合边际收益递减规律。

二、区分三个生产阶段的分界点

最开始增加工人后，总产量和平均产量是增加的，而且是递增的。工人数由 5 人增加到 6 人后，总产量为 51 件，人均产量为 8.5 件；工人数由 6 人增加到 7 人后，总产量为 63 件，人均产量为 9 件，在这之前，是生产的第一个阶段，收益递增阶段。

随着工人数量的进一步增加，总产量虽然在增加，但速度是递减的，平均产量也是递减的。工人数由 7 人增加到 8 人后，总产量为 68 件，人均产量为 8.5 件。随着工人数量的继续增加，总产量直至不再增加。当工人数量为 9 人时，总产量达到了最大，不再继续增加。这个阶段是生产的第二个阶段，收益递减阶段。

当工人数量增加到 9 人以上时，平均产量继续下降，总产量随着工人人数的增加不但没有增加，反而开始出现下降，出现了负增长。这个阶段就是生产的第三个阶段，负收益阶段。

三、找出最佳投入产出点

通过上述的数据分析，我们应该选择工人的增加数量在哪一点呢？这还要结合企业的目标来综合考虑。如果企业的目标是使平均产量最大，那么工人的数量应该增加到 7 人，这时效率最高；如果企业的目标是使产量最大，工人的数量就应增加到 9 人，这时总产量最大；如果企业的目标是使利润最大，则还要考虑成本、产品价格等因素，才能得到最佳投入产出点。

思考与应用

一、选择题

1. 下列说法中正确的是（   ）。

    A. 只要总产量减少，边际产量一定为负

    B. 只要边际产量减少，总产量一定减少

    C. 边际产量曲线与平均产量曲线相交，且必定交于边际产量曲线的最高点

    D. 只要边际产量减少，平均产量也一定减少

2. 对一个正在生产的厂商而言，当一种变动投入的平均产量曲线与边际产量曲线相交时（   ）。

    A. 总产量最大　　　　　　　　B. 平均产量最大

    C. 边际产量最大　　　　　　　D. 边际产量最小

二、思考题

1. 列举出你身边的边际收益递减规律的例子。

知识链接

马尔萨斯人口论（Malthus's population theory）

马尔萨斯（1766～1834，见图 4-2）英国经济学家，人口理论的创立者，著作有《人口原理》等书。

马尔萨斯关于人口问题的根本观点是他认为人口增殖力比土地生产人类生活资料力更为强大，并断言人口在无妨碍时，以 1、2、4、8、16、32、…… 的几何级数率增长，而生活资料则以 1、2、3、4、5、6…… 的算术级数率增长。当人口增长超过生活资料的增长时，就会发生贫困和罪恶，要限制人口增长，使二者保持平衡。他把自己的人口理论归为 3 个命题：

1. 人口必然地为生活资料所限制。

图 4-2 马尔萨斯

2. 只要生活资料增长，人口一定增长，除非受到某种非常有力而显著地抑制。

3. 这些抑制全部归纳为道德节制、贫困和罪恶。

他认为这 3 点是支配人类命运的"人口自然规律"的基本内容。马尔萨斯根据上述基本观点引申出几点结论：

1. 贫困和罪恶是人口规律作用的结果，而不是社会经济和政治制度造成的。

2. 只有私有制才能消除人口的过快增长。

3. 工人的工资受人口规律的支配，工资水平随人口的增减而变动。

4. 济贫法促使人口增长。该理论以土地报酬递减规律为基础，认为由于土地报酬递减规律的作用，食物生产只能以算术级数增长，赶不上以几何级数增长的人口需要，并认为这是"永恒的人口自然规律"。

马尔萨斯人口论的错误在于抛开了社会制度，抽象地从生物属性和脱离现实的假设来说明人口规律。

任务二　怎样做生产者成本最低

能力目标

- 能计算总成本、平均成本、利润、利润最大化的产出数量

知识目标

- 边际成本
- 利润最大化原则

🔘 **任务引入**

门庭冷落的保龄球场为什么不停业？

在现实中，我们经常会看到一些保龄球场门庭冷落，但仍然在营业。这时打保龄球的价格相当低，甚至低于成本，他们为什么这样做呢？企业的目标是追求利润最大化，当价格已经低于成本的时候，他们为什么还在继续营业？他们这样做，不是越亏越多吗？如果你来经营保龄球馆，你会这样做吗？

任务分析

该案例的实质是引导大家认识什么是停止营业点，对这个问题有一个正确的理解和认识将有助于我们进行成本分析。

相关知识

一、短期成本的分类

短期总成本是短期内生产一定量产品所需要的成本总和。

固定成本是指企业在短期内必须支付的不能调整的生产要素的费用。

可变成本是指企业在短期内必须支付的可以调整的生产要素的费用。

如果以 STC 代表短期总成本，以 FC 代表固定成本，以 VC 代表可变成本，则

$$STC=FC+VC$$

短期平均成本是短期内生产每一单位产品平均所需要的成本。

平均固定成本是平均每单位产品所消耗的固定成本。

平均可变成本是平均每单位产品所消耗的可变成本。

如果以 SAC 代表短期平均成本，以 AFC 代表平均固定成本，以 AVC 代表平均可变成本，则

$$SAC=AFC+AVC$$

短期边际成本是在短期内企业每增加一单位产量所增加的总成本量。

如果以 SMC 代表短期边际成本，以 ΔQ 代表增加的产量，则

$$SMC = \frac{\Delta STC}{\Delta Q}$$

二、短期边际成本、短期平均成本、短期平均可变成本之间的关系

短期边际成本、短期平均成本、短期平均可变成本之间的关系可以用图 4-3 来说明。

先来看短期边际成本与平均成本的关系。从图中可以看出，短期边际成本 SMC 与短期平均成本 SAC 相交于 SAC 的最低点 N。在 N 点之左，SAC 在 SMC 之上，SAC 一直在递减，$SAC>SMC$。在 N 点之右，SAC 在 SMC 之下，SAC 一直在递增，$SAC<SMC$。SAC 与 SMC 相交的 N 点称为收支相抵点。这

时价格等于平均成本。平均成本等于边际成本，即

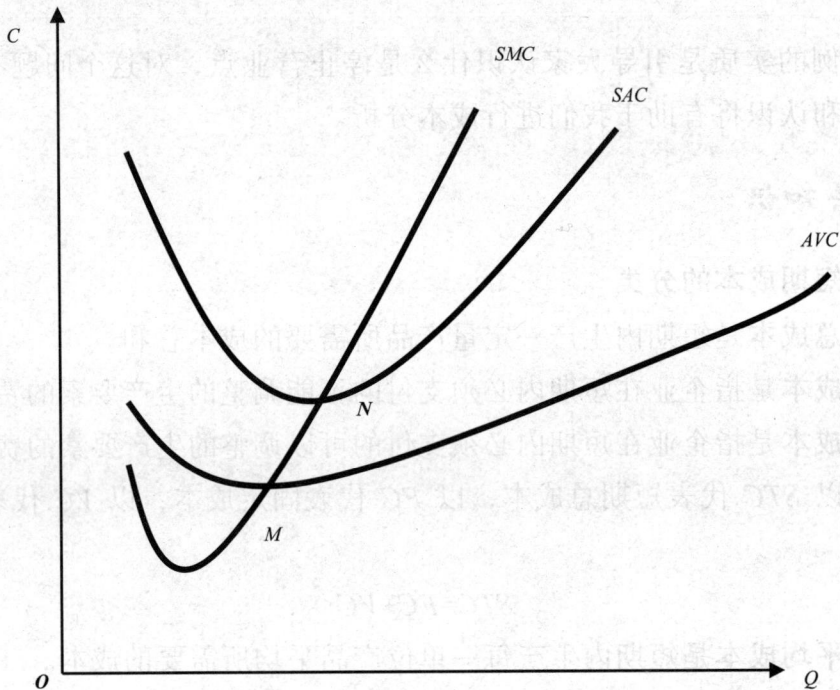

图 4-3　短期平均成本、短期平均可变成本、短期边际成本的关系

$P=SMC=SAC$，生产者的成本与收益相等。

短期边际成本与平均可变成本的关系和平均成本的关系相同。SMC 与 AVC 相交于 AVC 的最低点 M。

在 M 点之左，AVC 在 SMC 之上，AVC 一直在递减，AVC>SMC。在 M 点之右，AVC 在 SMC 之下，AVC 一直在递增，AVC<SMC。M 点被称为停止营业点，在这一点上，价格只能弥补平均可变成本，这时所损失的是不生产也要支付的平均固定成本。如果低于这一点，不能弥补可变成本，则生产者无论如何也不会生产了。

三、收益与利润最大化原则

1. 收益的概念

收益是指生产者销售商品或劳务所获得的货币收入。

关于收益有三个重要的概念：

总收益，是厂商生产并销售一定数量商品和劳务所获得的货币收入总额，或全部的销售收入。

平均收益，在厂商出售每单位商品和劳务所得到的平均货币收入。

边际收益，是指厂商增加销售每一单位商品和劳务而获得的货币收入。

以 TR 代表总收益，以 AR 代表平均收益，以 MR 代表边际收益，则

$$TR = P \times Q$$

$$AR = \frac{TR}{Q} = P \times \frac{Q}{Q} = P$$

$$MR = \frac{\Delta TR}{\Delta Q}$$

2. 利润最大化原则

在经济分析中，利润最大化的原则是边际收益等于边际成本。

边际收益是每变动一个单位产量而使总收益变动的数量，边际成本是每变动一个单位产量而使总成本变动的数量，如果每增加一个单位产品的生产，其边际收益大于边际成本，那么生产这一单位产量则必然使利润总额提高；反之，如果边际收益小于边际成本，则增加这一单位产品的生产必然使利润总额减少。只有生产的产量水平使边际收益等于边际成本时，虽然这最后一单位产量的收支相抵，无利润可赚，但所有以前生产的产量使总利润达到最大。

因此，西方经济学认为，$MR=MC$ 是厂商确定利润最大化的原则。

任务实施

一、分析思路

首先我们要了解短期边际成本与平均可变成本的关系及停止营业点的含义。

对企业短期成本的分析有助于解释这一现象，同时也可以说明短期成本分析对企业短期经营决策的意义。

在短期中，保龄球场经营的成本包括固定成本与可变成本。保龄球场的场地、设备、管理人员是短期中无法改变的固定投入，用于场地租金、设备折旧和管理人员工资的支出是固定成本，经济学家把这种已经支出而又无法收回的成本称为沉没成本。在短期内，固定成本就是沉没成本。保龄球场营业所支出的各种费用是可变成本，如电费、服务员的工资等。如果不营业，这种成本就不存在，营业量增加，这种成本增加。由于固定成本已经支出，

无法收回，所以，保龄球场在决定短期是否营业时，考虑的是可变成本。

二、具体分析

假设每场保龄球的平均成本为 20 元，其中固定成本为 15 元，可变成本为 5 元。当每场保龄球价格为 20 元以上时，收益大于平均成本，经营当然有利。当价格为 20 元时，收益等于成本，这时称为收支相抵点，仍然可以经营。当价格低于 20 元时，收益低于成本。乍一看，保龄球场应该停止营业。但当我们知道短期中的成本有不可收回的固定成本和可变成本时，决策就不同了。

假设现在每场保龄球价格为 10 元，是否应该经营呢？可变成本为 5 元，当价格为 10 元时，在弥补可变成本 5 元之后，仍可剩下 5 元，这 5 元可用于弥补固定成本。固定成本 15 元是无论经管与否都要支出的，能弥补 5 元，当然比一点也弥补不了好。因此，这时仍然要坚持营业。这时企业考虑的不是利润最大化，而是损失最小化——能弥补多少固定成本算多少。

当价格下降到与可变成本相等的 5 元时，保龄球场经营不经营是一样的。经营正好弥补可变成本，不经营这笔可变成本不用支出。因此，价格等于平均可变成本之点称为停止营业点，意思是在这一点时，经营与不经营是一样的。在这一点之上，只要价格高于平均可变成本就要经营，在这一点之下，价格低于平均可变成本，无论如何不能经营。

门庭冷落的保龄球场仍在营业，说明这时价格仍高于平均可变成本。这就是门庭冷落的保龄球场仍然不停业的原因。

思考题

一、选择题

1. 经济学中的经济利润是指（   ）。

   A. 总收益与显形成本之间的差额　　B. 正常利润

   C. 总收益与隐形成本之间的差额　　D. 超额利润

2. 下面关于边际成本和平均成本的说法中哪一个是正确的？（   ）

   A. 如果边际成本大于平均成本，平均成本可能上升或下降

   B. 边际成本上升时，平均成本一定上升

   C. 如果边际成本小于平均成本，平均成本一定下降

　　D. 平均成本下降时，边际成本一定下降

二、思考题

1. 列举出你身边的与保龄球场相似的例子。

2. 用图形说明平均成本与边际成本的关系。

🏠 知识链接

机会成本

　　如果问上大学的成本是多少？有人会列出一个算式：上大学的成本 = 学费 + 住宿费 + 伙食费 + 教材及资料费等等。其实，上大学还有另外一种成本——机会成本。如果没有选择上大学，而是选择参加工作，那么，在四年上大学期间参加工作预期能够赚到的钱，就是上大学的机会成本。每个人在一生中都会面临许多选择，而由于资源是稀缺的，把资源投入到一种选择上，就不得不放弃其他选择。机会成本就是指在资源稀缺的条件下，由于作出一种选择而放弃的最优替代物或失去的最好机会的价值。当人们作选择时，不管有没有意识到，机会成本都会影响你的决策。个人在选择是上大学还是参加工作是如此，作经济决策也是这样。企业经营者在决定上什么产品时，必然要考虑其机会成本——把同样的资源用于开发、生产其他产品的预期收益。

　　大家知道，姚明并没有上大学，他为什么不上大学呢？他不上大学是明智的选择，因为他有到 NBA 打球的机会。姚明同休斯顿火箭队签了 3 年 2 000 万美元的工作合同，加上他做广告的收入，每年的实际收入都在 1 000 万美元之上。可以想象，如果姚明选择上大学，放弃到 NBA 打球的机会，他一年就少收入至少 1 000 万美元。这就是姚明上大学的"机会成本"。

　　所以姚明是最聪明的，他没有让机会白白遛走，他抓住了机遇。虽然姚明有时候也感叹：我现在也就是一个蓝领，天天干的都是力气活！虽然他也想上大学，但是一种东西的机会成本是为了得到这种东西所放弃的东西。

项目五

市场结构与厂商均衡

任务一　完全竞争市场下厂商如何均衡

能力目标

● 解释完全竞争企业的利润最大化选择

知识目标

● 完全竞争市场的假设条件

● 完全竞争市场的供给曲线

🔘 任务引入

农村春联市场：完全竞争的缩影

某农贸市场主要供应周围 7 个村 5000 余农户的日用品需求。贴春联是中国民间的一大传统，春节临近，春联市场红红火火，而在农村，此种风味更浓。

在该春联市场中，需求者有 5000 多农户，供给者为 70 多家零售商，市场中存在许多买者和卖者；供应商的进货渠道大致相同，且产品的差异性很小，产品具有高度同质性（春联所用纸张、制作工艺相同，区别仅在于春联所书写内容的不同）；供给者进入退出没有限制；农民购买春联时的习惯是逐个询价，最终决定购买，信息充分；供应商的零售价格水平相近，提价基本上销售量为零，降价会引起利润损失。

供应商在销售产品的过程中，都不愿意单方面降价。春联是农村过年的必需品，购买春联的支出在购买年货的支中只占很小的比例，因此其需求弹性较小。某些供应商为增加销售量，扩大利润而采取的低于同行价格的竞争方法，反而会使消费者认为其所经营的产品存在瑕疵（例如：上年库存，产品质量存在问题等），反而不愿买。

农村春联市场与其他种类的市场相比有什么特点？这与你在日常生产中购买其他的商品有什么不同吗？这类市场中厂商是如何达到均衡的？

⬤ 任务分析

该案例的实质是引导大家认识什么是完全竞争市场，完全竞争市场的假设条件等问题。对这些问题有一个正确的理解和认识，有助于我们理解完全竞争市场。

⬤ 相关知识

一、完全竞争市场及其假设条件

完全竞争市场的定义：在完全竞争市场中，存在着许多销售相同产品的卖者，而消费者能够无成本地获得充分信息，因此，市场价格由市场中所有的购买者和供应者的相互作用决定，但任何一个厂商都不能控制市场价格，每个企业都爱用市场既定的价格销售产品。

对完全竞争市场的分析是建立在严格的假设条件前提之上的。

1. 存在数量众多的厂商和购买这些厂商产品的消费者

在完全竞争的市场上，有无数多个买者和卖者。每个买者的购买量和每个卖者的销售量只占市场交易量的很小一部分。个体的行为不可能影响市场的供求关系和价格。产品的价格是由市场供求关系决定的。买者和卖者只能接受既定的市场价格，是价格的接受者。

2. 所有厂商生产的产品都是无差别的、同质的产品

对消费者来说，所有的厂商的产品之间具有完全的替代性。由此推定，单个厂商如果以高价出售产品，消费者会购买其他厂商的产品。

3. 无进入限制

厂商可以自由地进入或者退出行业，不会遇到任何行业壁垒或人为因素的干扰，因此，竞争非常激烈。

4. 买卖双方具有完全信息

在完全竞争市场上，买卖双方对商品的质量和价格都掌握了充分的市场信息。任何买者都不可能以高于市场的价格购买自己所需要的产品，任何卖者也不可能以低于市场的价格销售自己的产品。

由上述假设条件不能看出，在现实经济生活中完全符合上述条件的完全竞争市场是不存在的。一般认为，只有农业生产等极少数行业比较接近完全竞争市场，因为在农业生产中农户的数量多而且每个农户的生产规模一般都不大，同时，每个农户生产的农产品产量及其在整个农产品总产量中所占的比例都极小，因而，每个农户的生产和销售行为都无法影响农产品的市场价格，只能接受农产品的市场价格。如果有的农户要提高其农产品的出售价格，农产品的市场价格不会因此而提高，其最终结果只能是自己的产品卖不出去。如果农户要降低自己农产品的出售价格，农产品的市场价格也不会因此而下降，虽然该农户的农产品能以比市场价格更低的价格较快地销售出去。但是，不可避免地要遭受很大的经济损失。这样，农户降低其农产品价格的行为就显得毫无实际意义了。虽然在现实经济中并不存在完全竞争的市场，但是这并不表明对完全竞争市场的研究没有意义。相反，完全竞争的理论分析框架及其结论可以作为我们观察和分析现实经济问题的一个参照系。把它作为一个资源配置效率最优的标准。可见，完全竞争市场理论是其他市场结构理论的基础。

二、完全竞争市场对厂商的需求曲线

我们首先要认识到，一个行业与一家企业是不同的。在完全竞争市场上，整个行业和一家企业面临着不同的需求曲线。

对整个行业来说，需求曲线是一条向右下方倾斜的曲线，如图 5-1 所示。但对个别的企业来说情况就不同了。当市场价格确定后，对个别企业来说，这一价格就是既定的，无论它如何增加产量都不能影响市场价格。换句话说，在既定的市场价格下，市场对个别企业产品的需求是无限的，即市场对一个企业产品的需求弹性是无限的。因此，市场对个别企业产品的需求曲

线是一条由既定市场价格出发的平等线，如图 5-2 所示。

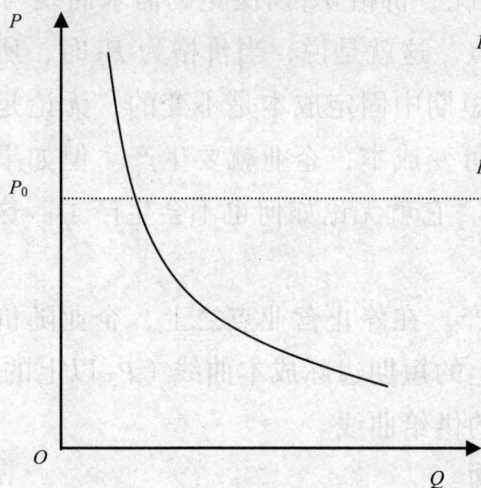

图 5-1　整个行业的需求曲线　　　图 5-2　一个企业的需求曲线

三、完全竞争市场的厂商短期均衡

在短期内，企业不能根据市场需求来调整产量，因此，从整个行业来看，有可能出现供给小于需求或供给大于需求的情况。企业为了实现利润最大化就要使边际收益等于边际成本。这就是说，个别企业是从自己利润最大化的角度来决定产量的，而在 $MR=MC$ 时就实现了这一原则。

那么，如果整个行业供给小于需求，市场价格低，个别企业处于亏损状态，它还会生产吗？这就涉及停止营业点的问题。我们用图 5-3 来说明这一点。

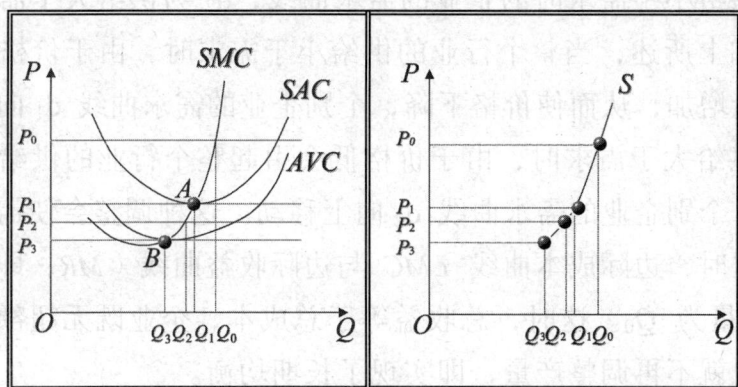

图 5-3　位于平均变动成本曲线最低点以上的短期边际成本曲线

在图 5-3 中，市场价格 P_2 低于均衡价格 P_1，厂商有亏损。这时，企业是否生产取决于平均可变成本 AVC 的状况。价格 P_3 所决定的需求曲线与 AVC 相交于 A 点，A 点就是厂商停止营业点。这就是说，当价格为 P_3 时，所得到的收益正好弥补平均可变成本。因为短期中固定成本是不变的，无论是否生产都要支出，所以，只要收益能弥补可变成本，企业就要生产。但如果价格低于 P_3，企业连可变成本也无法弥补，它就无论如何也不会生产了。这就是 B 点作为停止营业点的意义。

在停止营业点之下，企业停止生产。在停止营业点之上，企业随价格上升而增加产量，因此，停止营业点之上的短期边际成本曲线（P_3 以上的 SMC 部分）就是完全竞争市场上一个企业的供给曲线。

四、完全竞争市场的厂商长期均衡

长期以来，各个企业都可以根据市场价格来充分调整产量，也可以自由进入或退出该行业。企业在长期中要做出两个决策：生产多少，以及退出还是进入这一行业。各个企业的这种决策会影响整个行业的供给，从而影响市场价格。具体来说，当供给小于需求，价格高时，各企业会扩大生产，其他企业也会涌入该行业，从而整个行业供给增加，价格水平下降。当供给大于需求，价格低时，各企业会减少生产，有些企业会退出该行业，从而整个行业供给减少，价格水平上升。最终价格水平会达到使各个企业既无超额利润又无亏损的状态。我们用图 5-4 来说明。

在图 5-4 中，LMC 是长期边际成本曲线，LAC 是长期平均成本曲线。d_1 为整个行业供给小于需求时的企业的需求曲线，d_2 为供给大于需求时企业的需求曲线。如上所述，当整个行业的供给小于需求时，由于价格高会引起整个行业的供给增加，从而使价格下降，个别企业的需求曲线 d_1 向下移动。当整个行业的供给大于需求时，由于价格低会引起整个行业的供给减少，从而使价格上升，个别企业的需求曲线 d_2 向上移动。这种调整会使需求曲线最终移动到 d。这时，边际成本曲线 LMC 与边际收益曲线（MR，即 d）相交于 E，决定了产量为 Q_0。这时，总收益等于总成本，企业既无超额利润也无亏损，因此，也就不再调整产量，即实现了长期均衡。

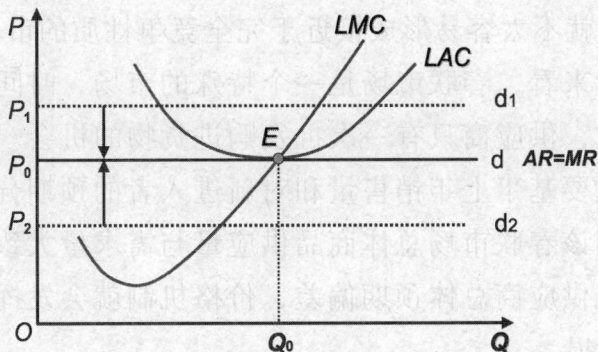

图 5-4　完全竞争市场上企业的长期均衡

长期均衡的条件是：$MR=AR=MC=AC$

在理解长期均衡时要注意两点：第一，长期均衡点就是上一章中所说的收支相抵点 。这时成本与收益相等。企业所能获得的只能是作为生产要素之一企业家才能的报酬——正常利润。所以，收支相抵中就包含了正常利润在内。在完全竞争市场上，竞争激烈，长期中企业无法实现超额利润。只要获得正常利润就是实现了利润最大化。第二，实现了长期均衡时，平均成本与边际成本相等。我们知道，平均成本与边际成本相等，也就是两条曲线相交时，平均成本一定处于最低点。这就说明了，在完全竞争的条件下，可以实现成本最小化，从而也就是经济效率最高。

任务实施

首先我们要明确春联的市场结构是一个高度近似的完全竞争市场。

就案例中所提到的农村春联市场来看，从春联产品的同质性、厂商进入与退出市场没有障碍、买卖双方的数量很多以及信息的充分性说明春联市场接近于一个完全竞争的市场。这种竞争的充分性主要来源于产品的同质性即产品之间的完全替代，而厂商的数量众多保证了单个厂商不能控制产品的价格，他们的经济行为对价格没有影响，没有人能够获得超额利润。从信息的充分与对称性来看，忽略了获取信息是有成本的，人们对与信息的搜寻与获取也是建立在成本与收益的比较之上而做出决策，在现实中人们往往根据经验来做出产品相关性质的判断，所以在一些外观形状、颜色等较容易判断的低级产品上容易产生接近于完全竞争性质的市场，而在一些个体化的、对产品和服务需要更多信息的高级产品以及需要相关制度安排来保证交易的顺利进行的产品和劳务就不太容易形成接近于完全竞争性质的市场。

从短期的均衡来看，春联市场是一个特殊的市场，时间性很强，仅在年前存在 10 天左右，供应商只有一次批发购进货物的机会。供应商对于该年购入货物的数量主要基于上年销售量和对新进入者的预期分析。如果供应商总体预期正确，则该春联市场总体商品供应量与需求量大致相同，则价格相对稳定。一旦出现供应商总体预期偏差，价格机制就会发挥巨大的作用，将会出现暴利或者亏损。

从长期的均衡来看，各个企业都可以根据市场价格来充分调整产量，也可以自由进入或退出该行业。企业在长期中要做出两个决策：生产多少，以及退出还是进入这一行业。各个企业的这种决策会影响整个行业的供给，从而影响市场价格。具体来说，当供给小于需求，价格高时，各企业会扩大生产，其他企业也会涌入该行业，从而整个行业供给增加，价格水平下降。当供给大于需求，价格低时，各企业会减少生产，有些企业会退出该行业，从而整个行业供给减少，价格水平上升。对于本案例中的春联市场，当年供应商盈亏状况影响下年度供应商进入和退出该市场的决定。如果当年盈利则会刺激他们下年度的信心，如果当年供应商亏损，那么他们很可能选择下年度不再进入这一市场。由此从供应商的多少来影响价格的涨幅，达到市场的均衡。

在现实生活中，大宗的农产品市场也是非常相似的完全竞争市场。

思考题

一、选择题

1. 完全竞争厂商所面临的需求曲线是一条水平线，它表示（　　）。

    A. 完全竞争厂商可以通过改变销售量来影响商品价格

    B. 完全竞争厂商只能接受市场价格

2. 在完全竞争市场上，已知某厂商的产量是 500 单位，总收益是 500 美元，总成本是 800 美元，总固定成本是 200 美元，边际成本是 1 美元，按照利润最大化原则，他应该（　　）。

    A. 增加产量   B. 停止生产   C. 减少产量

3. 在完全竞争市场上，厂商短期均衡条件是（　　）。

　　A. *P=AR*　　　　B. *P=MR*　　　　C. *P=MC*　　　　D. *P=AC*

二、简答题

1. 列举出你身边的近似于完全竞争市场的例子。

2. 完全竞争市场上一个行业与一个企业的需求曲线与价格有什么不同或相同？用图形来说明这一点。

📖 知识链接

市场结构

　　在分析市场结构时，市场就是指行业，一个行业就是一个市场。市场结构是指市场的垄断与竞争程度。不同的企业处于不同的市场，其竞争目标与手段都不同。所以，市场结构对企业竞争战略影响重大。要了解市场结构，首先应该了解划分市场结构的标准。各个市场的竞争与垄断程度不同形成了不同的市场结构。我们根据三个标准来划分市场结构。

　　1. 行业的市场集中程度。市场集中程度指大企业在市场上的控制程度，用市场占有额来表示。一般用两个标准来判断一个市场的集中程度。一是四家集中率，即某一市场中最大的四家企业在整个市场销售额中所占的比例。二是赫芬达尔—赫希曼指数(英文简称为 HHI)。这个指数是计算某一市场上 50 家最大企业(如果少于 50 家企业就是所有企业)每家企业市场占有份额(取百分之的分子)的平方之和。显然，HHI 越大，表示市场集中程度越高，垄断程度越高。

　　2. 行业的进入限制。一个行业的进入门槛越低，即进入限制越低，企业越容易进入，从而竞争程度越高。反之，一个行业进入门槛越高，即进入限制越高，企业进入越困难，从而垄断程度高。进入限制来自自然原因和立法原因。自然原因指资源控制与规模经济。立法原因是法律限制进入某些行业。这种立法限制主要采取三种形式。一是特许经营，政府通过立法把某个行业的经营权交给某个企业，其他企业不得从事这个行业。二是许可证制度。有一些行业由政府发放许可证，没有许可证不得进入，这就增加了进入的难度。三是专利制。专利是给予某种产品在一定时期内的排他性垄断权，其他企业不得从事这种产品的生产，就无法进入该行业。

　　3. 产品差别。产品差别是同一种产品在质量、牌号、形式、包装等方面的差别。产品差别正是为了满足消费者的不同偏好。每种有差别的产品都以自己的某些特色吸引消费者。这样，有特色的产品就在喜爱这一特色的消费者中形成了自己的垄断地位。产品差别越大，垄断程度越高。这正是产品差别对划分市场结构的意义。

综合这三个标准来判断一个市场的垄断与竞争程度，从而确定其市场结构。

任务二 垄断市场厂商如何均衡

能力目标
- 解释单一价格垄断者如何决定价格

知识目标
- 完全垄断市场的市场条件
- 完全垄断厂商的需求曲线
- 完全垄断厂商的均衡

任务引入

为何把牛奶倒入大海

汤姆是生活在美国乌有城城郊的一位奶牛场主，不知何故，方圆数百里就这一家奶牛场，汤姆的奶牛场有 2 000 头奶牛，每月产奶 2 000 吨，这些牛奶供应乌有城的市民和周边农村的农民。牛奶售价是每吨 500 美元，每吨牛奶的生产成本是 300 美元。因此汤姆一个月可以赚 40 万美元。

在大学读 MBA 的儿子杰瑞正在对当地牛奶市场进行调查，这是老师布置的寒假作业，意在巩固并实际应用课堂上学到的供求理论。

经过一个月的调查，杰瑞向父亲指出了他的一个惊人发现："这些年你平均每个月损失 130 万美元！"

第二天，汤姆的奶牛场做了一件让人目瞪口呆的事：把 1 000 吨香喷喷的牛奶倒入了海中，然后宰杀了 1 000 头奶牛，并且将牛奶的价格翻了两番。自然，汤姆挨了不少骂。可是除了骂，人们也无可奈何。对于穷人来说，唯一的办法就是不喝牛奶了。而城里人仍然购买汤姆的牛奶，尽管对这样的大幅涨价也很不满，可也没办法，方圆几百里只有汤姆一个奶牛场。

杰瑞解释这样做的理由是：

"原来我们每月的牛奶产量是 2 000 吨，城里销掉 1 000 吨，乡下的农民 1 000 吨。为了全部卖掉这些牛奶，我们只能卖 500 美元一吨，每月也能赚 40 万美元。

可是乌有城市民平均收入是乡下农民的两倍多，对这些市民来说，牛奶已经成为生活必需品，并且花在牛奶上的钱占其整个生活支出的比重很小。即使奶价翻两番，即每吨 2 000 美元，乌有城市民对牛奶的需求也基本不会下降。而乡下的农民很穷，每吨 500 美元，是他们能够承受的上限，超过这个价格他们就不会买牛奶了。

我们只卖给城里人 2 000 美元一吨！乡下人我们就不供应了。而每吨卖 2 000 美元，虽然只能卖 1 000 吨，可是一个月要赚 170 万美元。"

所以倒掉这个月多余的 1 000 吨后，接下来宰杀掉 1 000 头奶牛，辞掉部分工人，把多余的牧场和养牛场租出去，这样每月的生产成本可以降到 30 万美元，销售收入 200 万美元，每月纯利润就是 170 万美元了。

试问：为什么杰瑞建议老汤姆把牛奶倒入大海？生产厂商是如何达到均衡的？

🔧 任务分析

导致将牛奶倒入大海这种极端事件的根本原因是市场垄断。倒掉牛奶这种行为从一般意义上讲就是宁可闲置生产能力也不愿增产降价，其目的是为了维持垄断高价带来的高利润。

该案例的实质是引导大家认识什么是完全垄断市场、完全垄断市场的条件等问题。对这些问题有一个正确的理解和认识将有助于我们分析日常生活中的市场规律。

✒ 相关知识

一、完全垄断的市场条件

1. 什么是完全垄断

完全垄断是指在市场上一家企业就是整个行业。

2. 完全垄断的市场条件

导致完全垄断的原因一般有以有以下方面：

一是控制了原料来源。如果一个厂商控制了用于生产某种产品的基本原料来源，该厂商就可能成为一个垄断者。

二是规模经济。如果某种产品需要大量固定设备投资，大规模生产可以使成本大大降低，那么，一个大厂商就可能成为该行业的唯一生产者。由一个大厂商供给全部市场需求时平均成本最低，两个或两个以上厂商在该市场上经营就难以获得利润。在这种情况下，该厂商就形成了自然垄断。这在一些公用事业，如供水、地铁中最为普遍。

三是专利权。为促进新的创造发明，发展新产品和新技术，法律以专利的形式赋予某厂商使用某种生产技术或生产一定产品的唯一权力，而成为垄断者。

四是政府赋予某种市场特权。在某种条件下,由于厂商同意政府对某些行为和经营活动进行调解，作为交换，厂商可以得到政府给予的在一定地区生产某种物品或提供某种劳务的特权。

二、完全垄断厂商的需求曲线

在完全垄断条件下，某个厂商控制了某种产品的市场供给，厂商和行业合二为一。因此垄断厂商所面对的需求曲线也就是该产品的市场需求曲线。这时，需求曲线就是一条表明需求量与价格呈反方向变动的向右下方倾斜的曲线，如图 5-5、图 5-6、图 5-7 所示。

三、完全垄断厂商的均衡

在垄断市场上，企业可以通过对产量和价格的控制来实现利润最大化。但居于完全垄断地位的企业也并不能为所欲为，要受到市场需求状况的限制。企业仍然需要根据边际收益等于边际成本的原则来决定产量。这种产量决定后，短期中难以完全适应市场需求进行调整。这样，也可能出现供大于求或供小于求的状况，当然也可能是供求相等。在短期内垄断厂商可能获得超额利润，也可能只获得正常利润，也可能是蒙受亏损。我们分别用图 5-5、图 5-6、图 5-7 来说明。

在图 5-5 中，边际收益曲线（MR）与边际成本曲线（MC）的交点 A 决定了产量为 q_0，从 A 点向上的垂线与需求曲线相交于 B 点，决定了价格水平

为 p_0。这时总收益为平均收益（价格）与产量的乘积，即 $Op_0 \times q_0B$，总成本为平均成本与产量的乘积，即 $OD \times Cq_0$。总收益大于总成本，$DC \times p_0B$ 为超额利润（即图中的阴影部分）。

在图 5-6 中，总收益与总成本相等，收支相抵，只有正常利润。

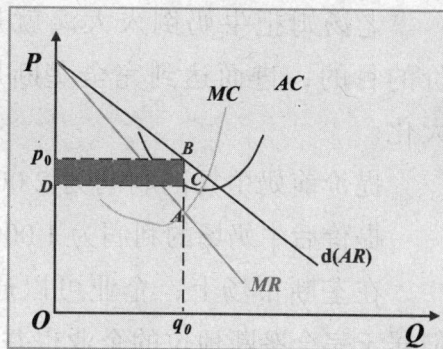

图 5-5　有超额利润

在图 5-7 中，总成本 $CB \times Oq_0$ 大于总收益 $Op_0 \times Aq_0$，亏损为 $Cp_0 \times AB$。A 点为停止营业点，如果价格再低，就无法再生产了。

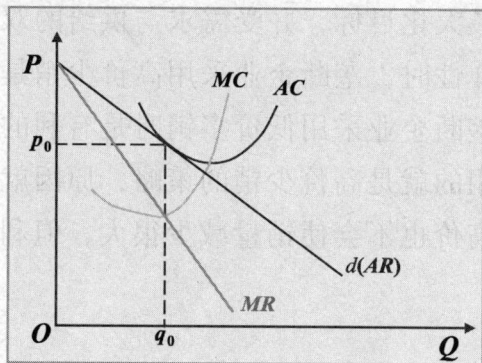

图 5-6　收支相抵

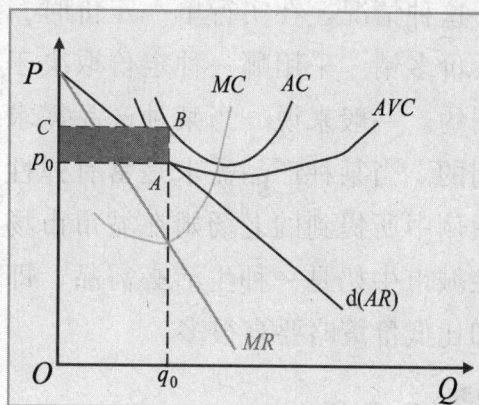

图 5-7　有亏损

所以，垄断市场上短期均衡的条件是：

$$MR = MC$$

任务实施

首先我们要明确案例中所提到的牛奶市场是一个完全垄断市场。

在垄断市场上，垄断企业实现利润最大化的关键是确定一个合理的价格。我们知道，由于垄断企业控制了一个市场的全部供给，完全控制了市场，所以他可以通过改变产量来决定价格，既可以减少产量定高价，也可以增加产量定低价。就本案例中所提到的奶牛市场，就是由于老汤姆控制了整个奶牛市场，从而可以通过减少产量来提高价格，增加了利润。

87

老汤姆把牛奶倒入大海就是要减少市场上现有的牛奶的数量，达到提价的目的，进而达到完全垄断厂商的均衡。而同时又实现了自己的利益最大化。

提价前奶牛场的利润为 2 000 吨×500 美元-600 000 美元=400 000 美元

提价后牛奶场的利润为 1 000 吨×2 000 美元-300 000 美元=1 700 000 美元

在垄断市场上，企业可以通过对产量和价格的控制来实现利润最大化。但居于完全垄断地位的企业也并不能为所欲为，要受到市场需求状况的限制。

在实现自己利润最大化的同时，垄断者定价时必须考虑市场需求，因为需求也是决定价格的重要因素之一。垄断者可以定高价，但消费者也可以拒绝购买，这样也无法实现利润最大化。在本案例中所提到的乡下市场就是属于这种情况。在实行单一定价时，垄断企业可以采用高价少销，也可以采用低价多销。采用哪一种定价取决于利润最大化目标，并受需求与供给的双方制约。一般来说，当某种产品需求缺乏弹性时，垄断企业采用高价少销是有利的。当某种产品需求是富有弹性时，垄断企业采用低价多销时是有利的。案例中所提到的老汤姆在城市市场所采用的就是高价少销的策略，原因就是在城市牛奶是一种生活必需品，即使定高价也不会使销量减少很大，但利润却比低价策略要高很多。

📖 思考题

一、选择题

1. 在垄断厂商的短期均衡时，垄断厂商可以（ 　　 ）。

   A. 亏损　　　　　　　　　　　 B. 利润为零

   C. 获得利润　　　　　　　　　 D. 上述情况都可能存在

2. 垄断厂商面对的需求曲线是（ 　　 ）。

   A. 向下倾斜的　　　　　　　　 B. 向上倾斜的

   C. 垂直的　　　　　　　　　　 D. 水平的

3. 在短期，完全垄断厂商（ 　　 ）。

   A. 收支相抵　　　　　　　　　 B. 取得正利润

   C. 发生亏损　　　　　　　　　 D. 以上情况均可能发生

二、简答题

1. 列举出你身边的近似于完全垄断市场的例子。

2. 在微软公司一案中，有两种对立的观点：微软公司是垄断者，应予解体；微软公司是垄断者，但不应解体。收集有关资料，说明这两种观点分歧何在？并谈谈你的看法。

知识链接

垄断企业的定价策略：单一定价与歧视定价

在我们以上所分析的情况中，垄断企业对卖给不同消费者的同样产品确定了相同的价格，即卖出的每一单位产品价格都是相同的。这种定价策略称为单一定价。

在垄断市场上还有另一种定价策略——歧视定价。歧视定价就是同样的商品向不同的消费者收取不同的价格。歧视定价可以实现更大的利润，其基本原则是对需求富有弹性的消费者收取低价，而对需求缺乏弹性的消费者收取高价。这样，需求富有弹性的消费者在低价时会增加需求量，总收益增加，需求缺乏弹性的消费者在高价时不会减少需求量，总收益也增加。一般根据价格差别的程度把价格歧视分为三种类型：第一，一级价格歧视，又称完全价格歧视。这就是，假设垄断者了解每一消费者为了能购进每一单位产品所愿付出的最高价格，并据此来确定每一单位产品的价格。完全价格歧视就是每一单位产品都有不同的价格。第二，二级价格歧视，垄断企业了解消费者的需求曲线，把这种需求曲线分为不同的段，根据不同购买量确定不同的价格。第三，三级价格歧视，垄断企业对不同市场的不同消费者实行不同的价格。这种情况下，就可以在实行高价格的市场上获得超额利润。

与单一定价相比，歧视定价获得的利润更多，但为什么垄断者并不能普遍采用歧视定价呢？因为实行歧视定价必须有两个条件。第一，实行歧视定价的商品要不能转售。如果商品可以转售，歧视定价就没有意义了，因为低价购买者可以把这种商品再转手卖出去而获利，企业就得不到好处。第二，要能用一个客观标准把消费者分为需求缺乏弹性者和需求富有弹性者。

任务三　垄断竞争市场和寡头垄断市场厂商如何均衡

能力目标
● 如何确定垄断竞争市场和寡头垄断市场中价格、产量

知识目标
● 了解垄断竞争的市场条件和厂商的均衡
● 寡头垄断的特征

任务引入

案例1　雷克航空公司的搏斗

1977 年，一个冒失的英国人弗雷迪·雷克闯进航空运输市场，开办了一家名为"雷克"的航空公司。他经营的是从伦敦飞往纽约的航班，票价是 135 美元，远远低于当时的最低票价 382 美元。毫无疑问，雷克公司一成立便生意不断，1978 年雷克荣获大英帝国爵士头衔。到 1981 年"弗雷迪爵士"的年营业额达到 5 亿美元，简直让他的对手们（包括一些世界知名的老牌公司）气急败坏。但是好景不长，雷克公司于 1982 年破产，从此消失。

出了什么事？其实很简单，包括泛美、环球、英航和其他公司在内的竞争对手们采取联合行动，一致大幅降低票价，甚至低于雷克。一旦雷克消失，他们的票价马上回升到原来的高水平。更严重的是这些公司还达成协议，运用各自的影响力阻止各大金融机构向雷克公司贷款，使其难以筹措借以抗争的资金，进一步加速雷克的破产。

但"弗雷迪爵士"并不甘心，他依照美国反垄断法提出起诉，指责上述公司联手实施价格垄断。为了驱逐一个不愿意接受其"游戏规则"的公司，竟然不惜采用毁灭性的价格来达到目的。1985 年 8 月，被告各公司以 800 万美元同雷克达成庭外和解，雷克随即撤回起诉。1986 年 3 月，泛美、环球和英航三大公司一致同意设立一项总值 3000 万美元的基金，用于补偿在雷克公司消失后的几年中，以较高票价搭乘这几家公司的航班飞越大西洋的 20 万旅客的损失。

弗雷迪爵士的航空公司为什么失败了？其他的航空公司为什么会勾结起

来，这在其他的市场中也能行得通吗？

案例 2　北京几家餐饮业的不同策略

四川名菜"周鲶鱼"

在四川提起"周鲶鱼"，人人爱吃，现进京落户于西四环，名为"鲶鱼山庄"。正宗"周鲶鱼"的秘方只有总店的老板知道。鲶鱼山庄以长江上游所产鲶鱼为主打特色，每月从四川空运烹饪原料，还特意邀请四川周鲶鱼的厨师长亲自打理。

居德林素菜

人均收入水平的提高使得人们的膳食结构也发生了变化。吃清淡爽口又有营养的素菜逐渐成为时尚。居德林适应了这个趋势，丰富了素菜近百种。居德林素菜厅于 20 世纪 80 年代引进上海功德林的素菜并结合北京人的口味进行了创新，开发了红白两大类上百种素菜系列，其用料讲究，制作精细。

龙溪镇辣螃蟹火锅

东三环北路上海大都会院内的龙溪镇辣螃蟹火锅日渐红火。除了麻辣系列的螃蟹和小龙虾，乌江鱼和烧鸡公火锅也成了抢手的川味。这里的肉蟹和红花蟹由从重庆请来的师傅用独家秘方烹制，保证了正宗重庆麻辣味道。用纯正的川料炒的螃蟹，放入麻辣汤底中再焖，突出螃蟹的鲜嫩。这里的重庆老火锅也是一大特色。

餐饮业有着典型的垄断竞争型市场结构的特征，从以上北京三家餐馆的宣传广告中可以看出，他们在激烈的市场竞争中采取了什么样的竞争策略？

任务分析

就案例中所提到航空市场来看，从厂商进入与退出市场有严重的壁垒、厂商数量很少说明航空市场是一个寡头市场。而餐饮业有着典型的垄断竞争市场结构的特征。

这两个案例的实质是引导大家认识什么是垄断竞争市场、垄断竞争市场的条件和寡头垄断市场等问题。对这些问题有一个正确的理解和认识将有助于我们分析日常生活中的市场规律。

相关知识

一、垄断竞争（Monopolistic competition）的市场条件

垄断竞争是一种垄断与竞争并存的市场结构，一个市场中有许多厂商生产和销售有差别的同种产品。

具体来说，垄断竞争的市场的条件有以下三点：

第一，大量的企业生产有差别的产品，这些产品彼此之间都是非常接近的替代品。例如，牛肉面和鸡丝面。这里的产品差别不仅包括产品的实际差别，还包括消费者心理感受产生的主观感受差别。例如，虽然两家饭店出售的同一菜肴（以清蒸鱼为例）在实质上没有差别，但是消费者心理上却认为一家饭店的清蒸鱼比另一家的鲜美，此时存在着虚构的差别。产品差别是导致垄断的直接原因，一般地说，产品差别越大，生产该产品的厂商的垄断程度就越高。另一方面，由于有差别的产品之间可以相互替代，而且生产厂商的数目很多，每一种产品都会遇到其他大量的同类产品的竞争，这种竞争有时是非常激烈的。

第二，同一生产集团中的企业数量非常多，以至于每个厂商都认为自己的行为影响很小，竞争对手不会对此做出反应或者采取行动，因而每个厂商都预期其行为不会受到竞争对手的制裁或报复。

第三，资源流动比较自由，厂商进入或退出某个生产集团不受限制，不存在严重的进入壁垒。

在现实生活中，垄断竞争的市场组织在零售业和服务业中是很普遍的，如修理、糖果零售业等。

二、垄断竞争厂商的均衡

在短期中每一个垄断竞争的企业都是一个垄断者。它以自己的产品差别在一部分消费者中形成垄断地位。而且，短期中其他企业生产不出与之竞争的有差别产品。在短期中，企业短期均衡的条件与垄断市场一样是：

$$MR=MC$$

在长期中，垄断竞争的市场上也存在着激烈的竞争。当短期中有超额利润存在时，竞争的结果是存在替代性的各种有差别产品的价格下降。可用图5-8来说明长期均衡的情况。

长期边际成本曲线与边际收益曲线的交点 A 决定了产量为 q_0。由 q_0 做一条垂线，与需求曲线相交于 B，决定了价格水平为 p_0。这时，总收益为平均收益（价格）乘以产量，即图中的 $Op_0 \times Bq_0$。总成本为平均成本乘以产量，也是 $Op_0 \times Bq_0$。总收益与成本相等，实现了长期均衡。所以，垄断竞争市场上长期均衡的条件是：

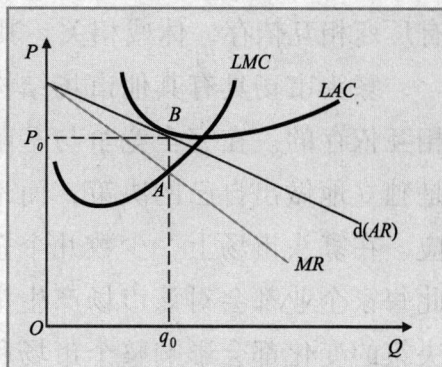

图 5-8 垄断竞争市场的长期均衡

$$MR=MC, \quad AR=AC$$

垄断竞争市场 AC > MC，P（AR）> MR。这说明：

1. 垄断竞争下成本较高，未能达到最低点，存在资源浪费。

2. 垄断竞争下价格比较高，相应产量较低，对消费者不利。

三、寡头（Oligopoly）垄断的特征

寡头垄断市场是介于垄断竞争与完全垄断之间的一种比较现实的混合市场，是指少数几个企业控制整个市场的生产和销售的市场结构，这几个企业被称为寡头企业。

（1）厂商极少

市场上的厂商只有一个以上的少数几个（当厂商为两个时，叫双头垄断），每个厂商在市场中都具有举足轻重的地位，对其产品价格具有相当的影响力。

（2）相互依存

任一厂商进行决策时，必须把竞争者的反应考虑在内，因而既不是价格的制定者，更不是价格的接受者，而是价格的寻求者。

（3）产品同质或异质

产品没有差别，彼此依存的程度很高，叫纯粹寡头，存在于钢铁、尼龙、水泥等产业；产品有差别，彼此依存关系较低，叫差别寡头，存在于汽车、重型机械、石油产品、电气用具、香烟等产业。

（4）进出不易

其他厂商进入相当困难，甚至极其困难。因为不仅在规模、资金、信誉、市场、原料、专利等方面，其他厂商难以与原有厂商匹敌，而且由于原

有厂商相互依存，休戚相关，其他厂商不仅难以进入，也难以退出。

寡头市场具有其他市场结构所没有的一个重要特征：寡头之间的行为是相互依存的。在完全竞争与垄断竞争市场上，企业数量都相当多，各企业都是独立地做出自己的决策，而不用其他企业的决策考虑或对自己的决策的反应。在寡头市场上，少数几个企业生产一个产业的全部或绝大部分产量，因此每家企业都会对该市场产生举足轻重的影响。他们各自在价格或产量方面决策的变化都会影响整个市场和其他竞争者和行为。因此，寡头市场上各企业之间存在着极为密切的关系。每家企业在做出价格与产量的决策时，不仅要考虑到本身的成本与收益情况，而且还要考虑到这一决策对市场的影响，以及其他企业可能做出的反应。这就是寡头之间的相互依存性。

1）它很难对产量与价格问题做出像前三种市场那样确切而肯定的答案。

2）价格和产量一旦确定以后，就有其相对稳定性。

3）各寡头之间的相互依存性，使他们之间更容易形成某种形式的勾结。

寡头市场的特点是各个寡头之间的相互依存性。这就是，各个寡头虽然是独立做出自己的决策，但一个寡头的决策要影响到其他的寡头，因此同时要考虑对方做出的反应对自己决策的影响。我们运用博弈论的方法来分析寡头市场上的寡头行为。

假设石油市场上只有两个寡头 A 和 B。它们的产量最高可达到各生产 3 000 万桶，共 6 000 万桶。生产成本为每桶 6 美元，市场价格也是 6 美元，没有利润。如果他们勾结起来，把产量限定在各生产 2 000 万桶，共生产 4 000 万桶，这时，每桶成本为 8 美元，市场价格为 9 美元，各得利润 2 000 万美元。如果一方违约生产 3 000 万桶，另一方守约生产 2 000 万桶，共生产 5 000 万桶，市场价格为每桶 7.5 美元。违约一方生产成本为 6 美元，获利 4 500 万美元，守约一方生产成本为 8 美元，亏损 1 000 万美元。他们各有两种策略：违约和守约，共有 4 种可能的结果，见下图 5-9。

A 的选择是

如果 B 守约，A 选择守约，利润为 2 000 万美元；选择违约，获利 4 500 万美元。两者相比，在 B 守约时，A 选择违约有利。

如果 B 违约，A 选择守约，亏损 1 000 万美元；如果选择违约，没有亏损也没有利润。两者相比，在 B 违约时，A 选择违约有利。

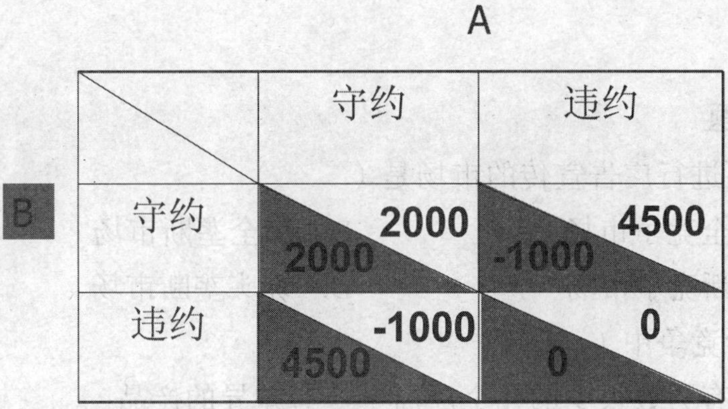

A

B	守约	违约
守约	2000 / 2000	4500 / -1000
违约	-1000 / 4500	0 / 0

图 5-9 寡头的困境

结论是无论 B 选择守约还是违约，A 选择违约都是有利的。

B 的推理过程与 A 相同。这样 A 与 B 都会选择违约，双方都无利润。这也说明了，两个寡头合作（守约）是有利的，但这种合作有时却是困难的。

➡ 任务实施

案例 1：首先我们要明确航空市场是一个寡头市场。

就案例中所提到航空市场来看，从厂商进入与退出市场有严重的壁垒、厂商数量很少说明航空市场是一个寡头市场。在案例中，我们可以很清楚地看出"雷克"公司价格策略对整个市场产生了重大的影响。在案例中，虽然达成了赔款和解，但这并不等于认罪。从技术上讲，官方没有认定"弗雷迪爵士"是被垄断价格驱逐出航空公司的。但是这个案例已经明显地发出威胁信号，那就是如果其他任何人企图从跨越大西洋的航空市场分一杯羹，必须认真考虑到其中可能面临的破产危险。从来没有其他公司尝试提供低廉的越洋机票，至少没有做到雷克公司那样。

案例 2：首先我们要明确餐饮业有着典型的垄断竞争型市场结构的特征。

在垄断性竞争市场里，由于不同企业生产的同种产品之间存在着差异，企业为取得竞争优势，除了降低自己的成本外，还有以下三种基本的竞争策略可供采用：价格竞争策略、产品差异化策略、促销（包括广告）策略。案例中，北京的这三家餐馆就是致力于打造自己产品的特色。采用了产品差异化策略，取得竞争优势。

思考题

一、选择题

1. 最需要进行广告宣传的市场是（　　）。

    A. 完全竞争市场　　　　　　　B. 完全垄断市场

    C. 垄断竞争市场　　　　　　　D. 寡头垄断市场

2. 在垄断竞争中（　　）。

    A. 只有为数很少的几个厂商生产有差异的产品

    B. 有许多厂商生产同质产品

    C. 只有为数很少的几个厂商生产同质产品

    D. 有许多厂商生产有差异的产品

3. 在垄断竞争市场中，不同厂商的产品是（　　）关系。

    A. 完全替代的　　　　　　　　B. 完全互补的

    C. 不完全替代的　　　　　　　D. 完全无关的

二、思考题

1. 列举出你身边的寡头市场的例子。案例中所提到的价格战从长远看是否对社会有利？政府是否应该限制价格战？为什么？

2. 列举出你身边的垄断竞争市场的几个例子？他们采取的竞争策略有什么不同？

3. 垄断竞争与寡头市场有何不同？

知识链接

博弈论

举个简单的例子来说明博弈论是什么？你在一个屋子里，屋里有很多人。这时候，屋里突然失火，火势很大，无法扑灭。此时你的目的就是逃生。你的面前有两个门，左门和右门，你必须在它们之间选择。但问题是，其他人也要争抢这两个门出逃。如果你选择的门是很多人选择的，那么你将因人多拥挤、冲不出去而烧死；相反，如果你选择的是较少人选择的，那么你将逃生。这里我们不考虑道德因素，你将如何选择？——这就是博弈论！

你的选择必须考虑其他人的选择，而其他人的选择也考虑你的选择。你的结果不仅取决于你的行动选择，同时取决于他人的策略选择。你和这群人构成一个博弈（game）。

博弈论对人的基本假定是：人是理性的。所谓理性的人是指他在具体策略选择时的目的是使自己的利益最大化，博弈论研究的是理性的人之间如何进行策略选择的。

博弈论中常见的例子。试想有两只公鸡遇到一起，每只公鸡有两个行动选择：一是退下来，一是进攻。如果一方退下来，而对方没有退下来，对方获得胜利，这只公鸡则很丢面子；如果对方也退下来双方则打个平手；如果自己没退下来，而对方退下来，自己则胜利，对方则失败；如果两只公鸡都前进，那么则两败俱伤。因此，对每只公鸡来说，最好的结果是，对方退下来，而自己不退，但是此时面临着两败俱伤的结果。

不妨假设两只公鸡如果均选择"前进"，结果是两败俱伤，两者的收益是-2 个单位，也就是损失为 2 个单位；如果一方"前进"，另外一方"后退"，前进的公鸡获得 1 个单位的收益，赢得了面子，而后退的公鸡获得-1 的收益或损失 1 个单位，输掉了面子，但没有两者均"前进"受到的损失大；两者均"后退"，两者均输掉了面子获得-1 的收益或 1 个单位的损失。当然这些数字只是相对的值。

如果博弈有唯一的纳什均衡点，那么这个博弈是可预测的，即这个纳什均衡点就是一事先知道的惟一的博弈结果。但是如果一博弈有两个或两个以上的纳什均衡点，则无法预测出一个结果来。斗鸡博弈则有两个纳什均衡：一方进另一方退。因此，我们无法预测斗鸡博弈的结果，即不能知道谁进谁退，谁输谁赢。

由此看来，斗鸡博弈描述的是两个强者在对抗冲突的时候，如何能让自己占据优势，力争得到最大收益，确保损失最小。斗鸡博弈中的参与者都是处于势均力敌、剑拔弩张的紧张局势。这就像武侠小说中描写的一样，两个武林顶尖高手在华山之上比拼内力，斗得是难分难解，一旦一方稍有分心，内力衰竭，就要被对方一举击溃。

项目六

生产要素的分配

任务一　货币工资是如何决定的

能力目标
- 能够正确理解我国工资问题

知识目标
- 熟悉工资的性质与种类
- 掌握完全竞争与不完全竞争的工资决定
- 掌握工会影响工资的限制条件

任务引入

　　"金九银十"是指员工进行跳槽的黄金月份，每年进入 9 月，一年一度的人才市场"金九银十"的跳槽热就在眼前。对于职场中广大的"跳蚤"们来说，8 月份是他们对于去留进行"艰苦抉择"的煎熬时刻。许多大小企业管理者也在磨刀霍霍，为这个人才流动的高峰期做好一切应对准备。有调查显示，面对"金九银十"，民营、私营企业职员中有近一半的人准备"转岗"，而"转岗"的首选方式是跳槽。"跳蚤"们"蠢蠢欲动"，人力资源部的经理们也跟着头疼，有数据显示，超过 85%的人力资源部因"金九银十"的到来而感受到不同程度的管理困扰，其中如何应对"跳槽"是工作的关键。

试问：为什么会有许多员工跳槽？如果提高公司员工的工资后能否留住这些人才？

任务分析

从上述案例中可以看出，员工跳槽就是选择为哪家公司提供劳动供给的问题。劳动的供给实质上是个时间分配问题。劳动的供给者必须把一定的时间合理地分配到工作和闲暇用途上。劳动的需求满足生产厂商对生产要素的需求。劳动者的工资是由劳动的供给和需求决定的。本案例的实质是引导大家认识什么是工资，工资是如何决定的。

相关知识

一、工资的性质与种类

工资是劳动力所提供的劳务的报酬，也是劳动这种生产要素的价格。劳动者提供了劳动，获得了作为收入的工资。可以从不同的角度把工资分为不同的种类。从计算方式分，可以分为按劳动时间计算的计时工资与按劳动成果计算的计件工资，从支付手段来分可以分为以货币支付的货币工资和以实物支付的实物工资。从购买力来分，可以分为按货币单位衡量的名义工资（或称货币工资）与按实际购买力来衡量的实际工资。在工资理论中我们分析货币工资的决定与变动。

二、完全竞争市场上工资的决定

这里所说的完全竞争指在劳动市场上的完全竞争状况，无论是劳动力的买方还是卖方都不存在对劳动的垄断。在这种情况下，工资完全是由劳动的供求关系所决定的。

1. 劳动的需求

厂商对劳动的需求取决于多种因素，例如，市场对产品的需求，劳动的价格，劳动在生产中的重要性，等等。但劳动的需求主要还是取决于劳动的边际生产力。劳动的边际生产力是指在其他条件不变的情况下，增加一单位劳动所增加的产量。劳动的边际生产力是递减的。

生产者对劳动的需求主要取决于劳动的边际生产力。边际生产力越大，生产者对劳动的需求也就增加，反之需求就会减少，与劳动边际生产力的变化是同方向的。由于劳动的边际生产力是递减的，即在图形上，表现为一条向右下方倾斜的曲线，因此，劳动的需求曲线也是一条向右下方倾斜的曲线(它也表明对劳动的需求与劳动价格——工资呈反方向变动)，见图 6-1，图中横轴 OL 代表劳动的需求量，纵轴 OW 代表工资水平，DD 为劳动的需求曲线。

2. 劳动的供给

劳动的供给主要取决于劳动的成本。劳动成本包括两类：一类是实际劳动，即维持劳动者及其家庭生活所必需的生活资料的费用，以及劳动者的教育、培训费用；另一类就是心理成本，付出的不仅是以牺牲闲暇为代价的，就是说，劳动者在劳动时，付出的不仅是体力代价，而且还付出心理代价，这对于劳动者来说，是一种负效用。补偿这种负效用的费用就是心理成本。

向后弯曲的劳动供给曲线指起先随工资上升，劳动供给增加，当工资上升到一定程度之后，随工资上升，劳动供给减少的劳动供给曲线。

劳动供给取决于工资变动所引起的替代效应和收入效应。随着工资增加，由于替代效应的作用，家庭用工作代替闲暇，从而劳动供给增加。同时，随着工资增加，由于收入效应的作用，家庭需要更多闲暇，从而劳动供给减少。当替代效应大于收入效应时，劳动供给随工资增加而增加；当收入效应大于替代效应时，劳动供给随工资增加而减少。一般规律是，当工资较低时，替代效应大于收入效应；当工资达到某个较高水平时，收入效应大于替代效应。因此，劳动供给曲线是一条向后弯曲的供给曲线，见图 6-2。

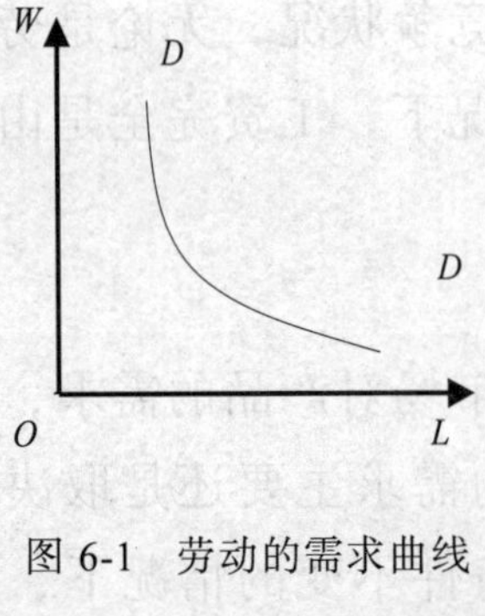

图 6-1 劳动的需求曲线

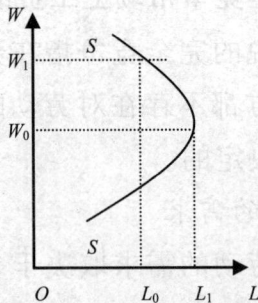

图 6-2 劳动的供给曲线

在图 6-2 中，横轴 OL 代表劳动的供给量，纵轴 OW 代表工资水平，曲线 SS 代表劳动供给曲线。当工资为 W_0 时，劳动供给量为 L_1。在此之前，劳动的供给随着工资水平的提高而增加；在此之后，劳动的供给量反而趋向于减少，如当工资提高到 W_1 时，劳动供给量减少到 L_0。这样的供给曲线被称为"向后弯曲的供给曲线"。

3. 工资的确定

在完全竞争的条件下，工资取决于劳动的需求与供给，工资的确定过程也就是劳动的需求与劳动供给相互作用形成劳动均衡价格的过程。把劳动的需求曲线与劳动的供给曲线结合在一起，即工资和劳动的均衡数量，见图6-3。

在图6-3中劳动的需求曲线 DD 与劳动的供给曲线 SS 相交于 E 这就决定了工资水平为 W_0。这一工资水平也等于劳动的边际生产力。这时劳动的需求量和供给量都为 L_0，形成劳动市场的均衡。工资作为劳动的价格，如同一般的商品价格一样，调节着劳动市场的供求平衡。

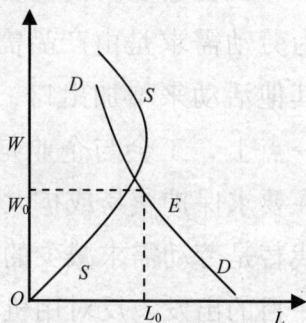

图 6-3　均衡工资的决定

三、不完全竞争市场上工资的决定

不完全竞争是指劳动市场上存在着不同程度的垄断。这种垄断要研究劳动的供给垄断。在西方国家，工会是工人自己的组织，是在与资方进行各种形式的经济斗争，组织起工会，通过集体的力量对劳动的供给尤其是工资施加影响。工会一般是按行业组织的。例如，美国的汽车工人联合会。也有的是跨行业的组织，如美国的劳联——产联。工会不受政府或政党操纵，完全是独立的，它也不是像政党那样的政治组织，而只是维护工人权益的经济组织。在社会中，工会、政府、生产组织的企业被认为是三个并列的组织。在工资决定中，工资水平一般是由工会与企业协商确定的，政府在其间起一种协调作用。因为工会控制了入会的工人，而且工会的力量相当大，所以，在经济学中被作为劳动供给的垄断者，并以这种垄断来影响工资的决定。我国企业工资决定基本有两种形式：一是由企业单方决定；一是由工会代表职工与企业进行工资集体协商或通过其他民主管理形式共同决定工资分配。

四、工会影响工资的方式

1. 增加厂商对劳动的需求

一般而言，增加厂商对劳动的需求可以使更多的人有就业和增加工资的可能。在劳动供给不变的条件下，通过增加对劳动的需求的方法来提高工资，不但会使工资增加，而且可以增加就业。这种方法对工资与就业的影响可用图 6-4 来说明。在图 6-4 中劳动的需求曲线原来为 D_0，这时，D_0 与 S 相交于 E_0，决定了工资水平为 W_0。劳动的需求增加后，劳动的需求曲线由 D_0 移动到 D_1 与 S 相交于 E_1，决定了工资水平为 W_1，就业水平为 L_1。$W_1 > W_2$，说明工资上升了：$L_1 > L_0$，说明就业水平提高了。

工会增加厂商对劳动需求的方法最主要的是增加市场对产品的需求，因为劳动需求是由产品需求派生而来的。增加对产品的需求就是要通过议会或其他活动来增加出口，限制进口，实行保护贸易政策。在增加对产品需求这一点上，工会与企业是共同的。在议会中代表这两个利益集团的议员往往会在要求保护贸易或扩大出口这类问题上站在同一立场上。此外，机器对劳动的代替是劳动需求减少的一个重要原因，因此，工会也会从增加对劳动的需求这一目的出发，反对用机器代替工人。尤其在早期，这一方法被广泛使用。

2. 减少劳动的供给

在劳动需求不变的条件下，通过减少劳动的供给也一样可以提高工资。可以用图 6-5 来表示，劳动的供给曲线由原来的 S_0 移动到 S_1，与 D 相交于 E_1，决定了工资水平为 W_1，就业水平由原来的 L_0 下降到 L_1。

工会减少劳动供给的方法主要有：限制非工会会员受雇，迫使政府通过强制退休，禁止使用童工，限制移民，减少工作时间等。

3. 最低工资法

工会迫使政府通过立法规定最低工资，这样，在劳动的供给大于需求时也可以使工资维持在一定的水平上。这种方法对工资与就业的影响可以用图 6-6 来说明。

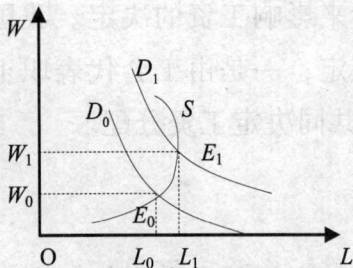

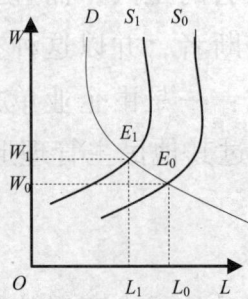

图 6-4　需求增加　　　图 6-5　限制劳动供给　　　图 6-6　最低工资限制

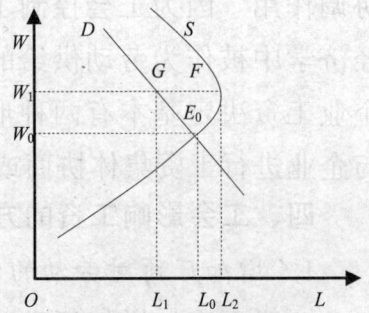

在图 6-6 中，劳动的需求曲线 D 与供给曲线 S 相交于 E_0，决定了工资水平为 W_0，就业水平为 L_0。最低工资法规定的最低工资为 W_1，$W_1 > W_0$ 能使工资维持在较高的水平。但在这种工资水平时，劳动的需求量为 L_1，劳动的供给量为 L_2，有可能出现失业。

五、西方工资决定理论对我国劳动力市场的指导意义

首先，西方工资理论是随着几百年的资本主义社会经济发展而逐步发展和完善起来的，它是西方发达国家以往的学者在对当时社会经济发展过程中出现的种种问题进行思考的基础上，从中总结并提出的一些理论。我国目前尚处于经济发展阶段，它在发展过程中难免会碰到许多西方国家曾经历过的问题，在这种情况下，西方的一些经济理论对我国当下的社会经济建设有着重要的借鉴意义。但是，我国是一个发展中国家，无论是经济发展水平还是劳动力市场机制的完善程度都与西方发达国家存在较大的差距，劳动力市场也存在一些与西方国家明显不同的特性。因此，在劳动力市场工资确立的问题上，我们不能照搬西方国家的理论，而应该从我国的国情出发，在借鉴西方理论的同时遵循市场经济本身的运行规律，完善劳动力市场，健全我国的工资机制。

其次，在工资决定问题上，我们还应该弄清楚决定工资水平的合理因素和不合理因素。现实中存在的影响因素并不都是合理的，我们只有将合理的影响因素与不合理的影响因素区分开来，才能找出影响工资机制正常运行的原因。

再次，我国是市场经济国家，因此商品市场价格必须由市场的供求机制来决定，作为劳动者价格的工资同样必须遵循这个规律。也就是说，在我国，劳动者工资水平的确定既要以劳动者在产品中的贡献——边际生产力为依据，同时必须满足劳动者为维持自身及其家属生存所必需的生活资料的需求。这是我国劳动力市场工资确立所必须遵循的根本原则。然而，尽管劳动者工资水平的高低最终是由劳动力市场供需双方的共同作用决定的，但现实中影响工资的因素很多，即有经济因素又有非经济因素，正如制度学派所认为的，影响工资水平的因素包括了所有影响供需变化的制度性和非制度性因素，这些非经济因素对工资水平的影响弱化了市场机制对劳动力工资水平的制定，扭曲了劳动力市场的价格，使得劳动力市场的公平原则受到破坏。因此，要健全我国劳动力市场的工资机制，很重要的一点就是必须消除扭曲劳动力市场价格的因素，充分发挥市场对工资的调节作用。

六、我国影响工资的因素

我国影响工资的因素分为外在因素和内在因素两种。

1. 内在因素

所谓影响工资的内在因素，是指与劳动者所承担的工作或职务的特性及其状况有关的因素，主要有以下几种。

（1）劳动者的劳动。关于劳动，可区分为三种形态，一是潜在劳动形态，也就是蕴藏在劳动者身上的劳动能力，潜在劳动形态对工资的影响在不同工资体系中是不一样的，在职能工资制下，潜在劳动形态比在年资工资制及职务工资制下得到更为突出的重视。潜在劳动形态发挥的结果首先表现为流动形态的劳动，它可用劳动时间来计量，成为计时工资的依据。流动形态劳动最终会凝结为物化劳动形态，它可以用生产的产品数量或工作数量的多少来衡量，成为计件工资的依据。

（2）职务的高低。职务既包含着权力，同时也负有相应的责任。

（3）技术和训练水平。原则上，技术水平越高，所受训练层次越深，则应给予的工资越高。这份较高的工资不仅有报酬的含义，还有积极的激励作用，即促使劳动者愿意不断地学习新技术，提高劳动生产水平，并从事更为复杂和技术要求更高的工作。

（4）工作的时间性。对绝大多数劳动者来说，他们所从事的工作通常都是长期的，而另外一些劳动者则从事季节性或临时性的工作，这部分劳动者的工资无论是以小时、周还是以月计算的，一般都比正常受雇劳动者的工资为高，其基本原因可归纳为三个：一是，这些人在工作季节或期间过去之后，可能会不容易找到工作，而在失业期间他们将没有收入来源；二是，这些劳动者在受雇期间很可能得不到社会保障的保护，因为雇主或企业通常不需要为他们支付劳动保险等费用；三是，这些劳动者很可能不享受企业福利，所以，工资支出应适当高一些，以为这部分劳动者的生活提供一定的缓解余地。

（5）工作的危险性。有些工作具有危险性，危害人体健康，甚至危及人的生命，还有些工作具有比较恶劣的工作环境，这样他们的工资就应当比在舒适安全的工作环境中工作的人的工资为高。这种高工资的作用一方面用于补偿他们的体能消耗、耐力和冒险精神，另一方面，从心理学的角度来说，也是一种鼓励和安慰。

（6）年龄与工龄。从理论上讲，工龄并不体现劳动者的劳动能力，也不能体现劳动者的劳动成果，因此工龄不属于按劳分配的范畴，但在实际上，工龄往往是影响工资的一个很重要因素，这是由以下几方面的作用决定的：

补偿劳动者过去的投资；保持平滑的年龄收入曲线；减少劳动力流动；连续企业工龄与工资收入挂钩能起到稳定职工队伍，降低企业成本的作用。

2．外在因素

所谓影响工资的外在因素，是指与工作的状况、特性无关，但对工资的确定构成重大影响的一些经济因素。与内在因素相比，外在因素更为具体而易见。

（1）生活费用与物价水平。（2）企业负担能力。（3）地区和行业间通行的工资水平。（4）劳动力市场的供求状况。（5）劳动力的潜在替代物。（6）产品的需求弹性。

➡ 任务实施

1．跳槽现象是指社会人才在企业及社会组织之间的一种流动形式。从整个社会来看，跳槽现象在一定幅度和比例上存在是合理的和完全必要的。随着经济的发展，企业组织之间人才竞争的进一步加剧，促进了人才的流动；跳槽现象的产生，往往和企业人力资源管理的水平和发展阶段密切相关。工作现状与个人需求之间的矛盾，是员工跳槽最主要的原因。企业提供的薪酬福利待遇不高、对企业人际关系的不满意、对企业目标的不认同、企业环境无法满足个人职业规划的要求都可能导致员工产生跳槽的意向并离职。如果企业员工总是对"下个月能否如期发放工资""对于年底的销售提成，老板会不会说话不算数？"诸如此类的问题担心的话，员工是不可能安心在企业工作的。

2．企业不但要建立公平合理的薪酬体系，更要建立公平合理的用人机制、评价体系。我们经常会听到"待遇留人、事业留人、感情留人"等的观念。因此，要想留住人才，企业一定要建立合理规范的人事管理制度，塑造诚信经营和规范管理的企业形象，这才是企业留人的根本。

思考题

一、选择题

1. 随着工资水平的提高（　　）。

　　A. 劳动的供给量会一直增加

　　B. 劳动的供给量先增加，但工资提高到一定水平后，劳动的供给不仅不会增加反而会减少

　　C. 劳动的供给量增加到一定程度后就不会增加也不会减少了

2. 劳动的供给曲线一般（　　）。

　　A. 自右下方向左上方倾斜到一定点后转为向右上方倾斜

　　B. 自右下方向左上方无限倾斜

　　C. 自左下方向右上方倾斜到一定点后转为向左上方倾斜

二、简答题

1. 如何理解我国的工资政策？

2. 为什么工资的价格是由供求关系决定的？

知识链接

一、生产要素的含义及分类

1. 生产要素的含义

生产要素就是生产中投入的各种资源，一般包括劳动、资本、土地和企业家才能四种基本生产要素。其中资本严格意义上包括人力资本和物质资本；土地包括了生产中使用的各种自然资源，是自然界存在的如土地、水、矿藏等；企业家才能指企业家对整个生产过程的组织与管理工作。经济学认为，要将土地、资本和劳动组织起来进行现实的生产，其中关键在于企业家的才能，如现实中不同的经理人给企业的效率差异往往是很大的。所以将企业家才能也视为必要的生产要素，生产就是这四种生产要素共同作用的过程。

2. 生产要素的分类

生产要素价格的决定在西方经济学的传统上是分配论的一个重要部分。19 世纪的西方经济学家们习惯于把生产要素分为三类，即土地、劳动、资

本。直到 19 世纪末，第四种生产要素——企业家才能被"发现"。于是，四位一体的分配论才建立起来。即在生产中，工人提供了劳动，获得工资；资本家提供了资本，获得了利息；地主提供了土地，获得了地租；企业家提供了才能，获得了利润。也就是说，各种生产要素都根据自己在生产中所作的贡献而获得了相应的报酬。

二、西方影响工资决定的限制条件

1. 从劳动的需求来看要受三种因素的影响

（1）产品的需求弹性

劳动的需求也是一种派生需求，取决于对产品的需求。如果产品的需求弹性大，则工资增加引起价格上升，会使产品需求量大幅度减少，从而工资无法增加。如果产品需求弹性小，则工资增加较为容易。

（2）成本中所占的比例

如果劳动在总成本中占的比例大，则工资增加引起总成本增加得多，工资的增加就有限。如果劳动在总成本中所占比例小，工资增加对总成本影响不大，则工资增加较易。

（3）劳动的可替代性

如果劳动不易被其他生产要素代替，则提高工资容易。如果劳动可以较容易地被其他生产要素代替，则工资提高就非常有限。

2. 从劳动的供给来看，也要受到以下三种因素的影响

（1）工会所控制的工人的多少

如果控制的工人多，工会力量强大，则易于增加工资。这也就是说，工会的垄断程度越高，要求增加工资的力量越大。

（2）工人的流动性大小

如工人流动性大，某一行业或地区可以从其他来源得到工人，则工会难于增加工资。反之，工会容易增加工资。

（3）工会基金的多少。如果工会保证罢工期间工人生活的基金多，提高工资就较容易一些。反之，就难些。

工会提高工资的斗争能否成功在很大程度上还要取决于整个经济形势的好坏。劳资双方的力量对比，政府干预的程度与倾向性，工会的斗争方式与艺术，社会对工会的同情等。

任务二　利率是如何决定的

能力目标

● 学会用经济学的方法来运营资本

知识目标

● 掌握利息的性质

● 掌握利息在经济中的作用

任务引入

中国人民银行决定：从 2007 年 12 月 21 日起调整金融机构人民币存贷款基准利率，一年期存款基准利率由现行的 3.87%提高到 4.14%，上调 0.27 个百分点；一年期贷款基准利率由现行的 7.29%提高到 7.47%，上调 0.18 个百分点；其他各档次存、贷款基准利率相应调整。存款利息上调之后，记者走访了北京的各大银行。央行加息的公告一执行，不少近期办理定期储蓄的市民，尤其是中老年人，纷纷到银行按新利率办理转存手续，引发了银行储蓄定期转存的高潮。

记者：最近来转存的人多吗？

建设银行大堂经理：自从加息以来，来转存的人就很多，最近人多的原因就是这个。

百姓 1：我存了不到 1 个月，现在利息涨了，我把它重新存一下。

百姓 2：利息涨了，我来转存。

百姓 3：现在利息涨了，我就把活期的钱存成定期。

百姓 4：利息上调得不是很多，0.27 个百分点。再交 5%的利息税，就不会剩多少了。现在有钱就去投资股票，一般老百姓怕风险，存着保险。

试问：引发银行储蓄定期转存的原因是什么？利率作为重要的经济杠杆，它的作用是怎样发挥出来的？在我国如何才能充分发挥利率的作用？

任务分析

利息的多少取决于利率的高低，除了对资金安全的考虑，利率的高低也会对居民存款需求产生影响。银行在吸收居民存款时要付出利率的高低完全由货币的供求决定。

相关知识

一、利息和利率的含义

1. 利息

西方经济学观点认为实质利息理论是实际节制的报酬和实际资本的收益，实际利息率最终取决于起初的生产力因素，如技术、资源的可用性和资本存量等。从 17 世纪古典经济学家对利息开始进行系统研究起，直到本世纪 30 年代，实质利息理论在利息研究领域一直居于主导地位。

货币利息理论认为利息是借钱和出售证券的成本，同时又是贷款和购买证券的收益。作为一种货币现象，利息率的高低完全由货币的供求决定。

中国学者认为在以公有制为主体的社会主义社会中，利息来源于国民收入或社会财富的增值部分。在现实生活中，利息被人们看作收益的一般形态，导致了收益的资本化。

2. 利率

利息率是国家对市场进行宏观调控的一种主要手段。利息率也叫利率。它是一定时期内利息额同本金的比率。

利息率的高低取决于两个因素：一是平均利润率的高低。二是资本市场上的供求关系即借贷资本的供求状况。

在现实经济生活中，影响利息率的因素还有：借贷风险的大小，借贷时间的长短，价格变动的预期，国家的货币金融政策以及宏观经济的走势等。

利息率有下降趋势。这是因为平均利润率有下降趋势，而借贷资本有供过于求的趋势。

二、使用资本为何要付利息

经济学家对此做出解释，引入时间偏好这一概念，即在未来消费与现期消费中，人们是更喜欢现期消费的。这是因为，现在增加一单位消费所带来的边际效用大于将来增加单位消费所带来的边际效用。由于未来是难以预期的，人们对物品现在效用的评价总是大于未来的效用。也许人们消费某种商品时可能考虑的问题①现在更需要；②将来资源不稀缺；③若干年后，自己的未来怎样很难说得清，基于这些因素，人们更急于现期消费。

三、为什么资本能带来利息

经济学家采用迂回生产理论来解释，迂回生产就是先生产生产资料，然后用这些生产资料去生产消费品，现代社会的生产就是迂回生产。

迂回生产过程由于使用大量资本，因而比生产过程具有较高的生产率。这是毋庸置疑的技术事实。例如，机器操作的生产率显然高于手工劳动的生产率。因此，在现代资本主义社会中，资本便成为一种生产要素。资本这种生产要素与劳动和土地有所不同，劳动和土地一般是属于自然禀赋，而资本则是在经济过程中劳动和土地发生作用的产物。因而，劳动和土地通常被称为"初级"生产要素，资本则叫做"中间性"生产要素。资本既然是一种生产要素，便也有其收入，这就是利息。利息在古代和中世纪，曾经被视为不合理而遭到禁止。然而在现代资本主义社会中，利息作为资本的收入，从两个方面被认为是天然合理的。首先，从资本的筹措方面看，实行迂回生产过程需要先将资源用于生产资本品，这意味着对目前消费的牺牲和对未来消费的等待。对这种牺牲和等待是需要付给报酬的。其次，从资本的生产方面看，迂回生产过程比直接生产过程具有较高的生产率，而这种较高的生产率是由于资本的作用，因此它应当归资本所有者所有。

四、利率的决定

1. 资本的需求

资本的需求主要来自于企业投资的需求，可以用投资来代替资本的需求。资本的供给主要来自于储蓄，以储蓄代表资本的供给。这样就可以用投资和储蓄来说明利息率的决定。厂商借入资本进行投资，是为了追求利润最大化。利润率水平高出利息率水平越高，厂商就越愿意投资；利润率水平越是接近利息率水平，厂商投资的意愿则越低。在利润率水平不变的情况下，厂商投资与利息率的高低呈反方向的变动。因此资本的需求曲线与一般商品类似，也是一条向右倾斜的曲线。

2. 资本的供给

资本的供给是由家庭牺牲现在的消费而进行的储蓄来形成的。储蓄的目的是为了将来得到更多的消费。西方经济学把资本看作是"节欲"是为了"等待"更多的将来消费。所以资本的供给者应该得到"节欲"和"等待"

的报酬，这个报酬就是我们所说的利息。储蓄可以获得利息，人们的储蓄意愿与利息率的高低是呈同方向变动的。利息率越高，人们得到的报酬也就越多，就越愿意增加储蓄；利息率降低，人们会减少储蓄。因此，资本的供给曲线也同一般商品的供给曲线一样，是一条向右上方倾斜的曲线。

3．利息率的决定

利息率的决定过程，就是资本的需求与供给相互作用而形成资本均衡价格的过程。资本的需求曲线与供给曲线相交所形成的均衡点，所代表的价格就是资本的均衡价格，也即能够实现供求平衡的利息率。见图 6-7。横轴 OK 代表资本量，纵轴 Oi 代表利息率，D 为资本的需求曲线，S 为资本的供给曲线。这两条曲线相交于 E 点，决定均衡利息率为 i_0，均衡资本量为 K_0。

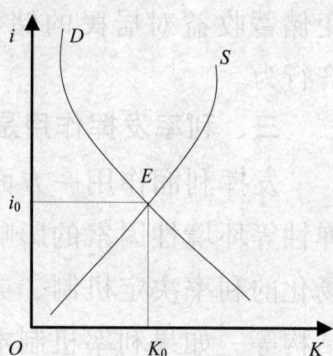

图 6-7　均衡利率的决定

任务实施

一、存款利息上调是引发银行储蓄定期转存的原因

利息是资金所有者由于借出资金而取得的报酬。储蓄可以获得利息，人们的储蓄意愿与利息率的高低是呈同方向变动的。利息率越高，人们越愿意增加储蓄；利息率降低，人们会减少储蓄。人民币存款利息上调是引发银行储蓄定期转存的原因。

二、利率作为经济杠杆，具有以下经济功能

（1）联系国家、企业和个人，沟通金融市场与实物市场，连接宏观经济与微观经济的中介功能；

（2）对国民收入进行分配与再分配的分配功能；

（3）协调国家、企业和个人三者利益的调节功能；

（4）推动社会经济发展的动力功能；

（5）把重大经济活动控制在平衡、协调、发展所要求的范围之内的控制功能。

利率的作用正是通过上述五种功能发挥出来的。而利率之所以具备这些功能，是因为利率可以直接影响人们的经济利益。正因为如此，利率在宏观经济活动中通过影响储蓄收益可以调节社会资本的供给，例如提高利率可以增加居民储蓄；通过对投资成本的影响可以调节社会投资总量和投资结构，例如提高利率会减少社会投资总量，而差别利率可以调节社会投资结构，总储蓄和总投资的变动将影响社会总供求。在微观经济活动中，利率可以通过影响企业的生产成本与收益发挥促进企业改善经营管理的作用；通过改变储蓄收益对居民的储蓄倾向和储蓄方式的选择发挥作用，影响个人的经济行为。

三、利率发挥作用是有条件的

发挥利润作用一方面要受到利率管制、授信限额、市场开放程度、利率弹性等环境性因素的影响，另一方面还要具备完善的利率机制，其中包括市场化的利率决定机制、灵活的利率联动机制、适当的利率水平、合理的利率结构等。如果利率机制本身存在缺陷，那么利率的杠杆性作用也很难发挥出来，因此，在我国社会主义市场经济条件下，要充分发挥利率的杠杆性作用，就是要强调市场在利率决定中的作用，使政府对利率的调控间接化。中央银行应建立以经济手段和法律手段为主的间接调控体系，从而使三大货币政策工具都能影响利率，并使反映市场供求的利率水平和利率结构符合国民经济和整个社会发展的需要；商业银行体系对利率的升降变化应有相当的灵敏度；微观经济主体的融资行为要建立在健全的利益机制基础上，且对利率有较高的弹性。只有从几个方面逐步进行改革，才能改善现有利率机制，充分发挥利率对我国经济的作用。

📖 思考题

一、选择题

1. 作为生产要素的资本的价格是（　　）。

    A. 地租   B. 利润   C. 利息

2. 利息是（　　）。

    A. 资本的报酬

    B. 资本这一生产要素的价格

    C. 资本市场的供求双方决定的

二、简答题

1. 利率的经济作用。

2. 西方经济学家是如何论述利息收入的合理性的。

知识链接

威廉·配第（William Petty，1623～1687）是英国古典政治经济学创始人，统计学家。威廉·配第出生于英国的一个手工业者家庭，从事过许多职业，从商船上的服务员、水手到医生、音乐教授。他头脑聪明，学习勤奋，敢于冒险，善于投机，晚年成为拥有大片土地的大地主，还先后创办了渔场、冶铁和铝矿企业。马克思对配第的人品是憎恶的，但是，对于他的经济思想给予了极高的评价，称他为"现代政治经济学的创始者""最有天才的和最有创见的经济研究家"，是"政治经济学之父，在某种程度上也可以说是统计学的创始人"。

图 6-8　威廉·配第

威廉·配第最著名的经济学著作是《赋税论》（1662 年）。他的主要贡献是最先提出了劳动决定价值的基本原理，并在劳动价值论的基础上考察了工资、地租、利息等范畴。

任务三　地租是如何决定的

能力目标

● 学会用经济学的知识来理解地租

知识目标

● 掌握地租的性质

● 掌握地租在经济中的作用

任务引入

1. 以甘肃省为例，看土地肥沃程度以及交通位置对土地产量的影响。

从土地肥沃程度看，甘肃 1979 年全省平均亩产小麦 110.5 千克，而水利灌溉条件较好的酒泉地区平均亩产 292 千克，中等的庆阳地区 107 千克，临夏自治州 124.5 千克；而干旱缺水的定西地区只有 51 千克。从全省农村人口人均收入的梯度，可以看出土地位置差别的影响：省会兰州市（按三县六区）平均 92.57 元，陇南地区的武都县，只有 27.27 元。兰州市郊各区依次排列是城关区 233.50 元，安宁区 201.39 元，西固区 145.80 元，白银区 131 元，红古区 125 元。表现为离市区距离递进收入递增。

2. 我国城市级差地租。城市土地位置的优劣，更主要的则体现为工业、商业、金融业、服务业和人口，在特定空间区域的分布状况以及集中程度所产生的聚集经济效益上的差异。见表 6-1。

表 6-1　1998 年上海市商业用地所提供的利税和级差收入比较表　　　每平方米/人民币

区　　名	商店户数	利润税金（元）	级差收入（元）	级差收入占利税比重%
黄浦区	97	5086	1768	37.8
卢湾区	41	3971	1306	33.3
静安区	33	3651	942	25.8
虹口区	33	2298	818	35.6
南市区	22	2118	588	27.0
普陀区	19	1143	332	29.0
徐汇区	19	954	231	24.9
闵行区	2	440	92	20.9
杨浦区	14	989	0	0

试问：为什么在社会主义初级阶段级差地租依然存在？城市经济中级差地租有何特点？

🔴 **任务分析**

对于土地要素而言，土地使用者支付给土地所有者的价格称为租金，但在现实生活中租金包括土地、房屋、固定资产等的出租获得收入。地租是通过市场上土地的供给与需求来决定的，由于土地的肥沃差别和地理位置的不同会存在级差地租，级差地租的形成会使土地、房屋出租价格形成差异。

相关知识

一、地租的性质

地租是土地这种生产要素的价格，土地所有者提供了土地，得到了地租。地租的产生首先在于土地本身的生产力，这也就是说地租是利用"土地原始的，土壤的，不可摧毁的力量"的报酬；其次，土地作为一种自然资源具有数量有限、位置不变以及不可再生的特点，这就决定了土地的供给曲线与其他资本的供给曲线有很大的区别。

二、地租的决定

土地的概念可以理解为市场中使用的自然资源，因而地租可以理解为使用自然资源的概念。

1. 土地的需求

土地的需求取决于土地的边际生产力。土地的边际生产力也是递减的，也即在技术水平和其他生产要素量一定时追加一单位土地所带来的边际收益也是递减的。因此，土地的需求曲线也是向右下方倾斜的，如图 6-9 所示。

2. 土地的供给

土地的供给具有与劳动和资本有很大的不同的特点，由于大自然赋予人类的土地和自然资源总量一般来说是大致固定的。因此土地的供给量无论是短期还是长期，总是完全无弹性的是一条垂线，不受地租的影响。如图 6-9 所示。

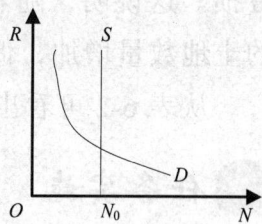

图 6-9　地租的决定

3. 地租的决定

地租由土地的需求和供给共同决定。如图 6-9 所示，当土地的需求曲线与供给曲线相交时，均衡的地租水平便形成了。当有新的需求时，新的均衡地租重新建立。

三、级差地租的形成与产生的原因

在上面说明地租形成时，假定所有土地都是同质的。实际上土地的肥沃程度和地理位置是有差别的，这种差别也会造成地租的差别。由于土地肥沃程度或地理位置的差别而引起的地租称为级差地租，以表 6-2 来说明。

表 6-2 级差地租的形成

土地	产量	价格	总产值	生产成本	级差地租
A	200	2	400	200	200
B	180	2	360	200	160
C	150	2	300	200	100
D	100	2	200	200	0
E	80	2	160	200	-40

表 6-2 中，A、B、C、D、E 是五块条件不同的土地，每块地的产量不同，但产品的价格是相同的，这样，各块地的总产值也就不同。生产成本中包括各种费用及正常地租（由于土地所有权而产生的绝对地租）。A、B、C三块土地由于条件好，产量高，因而有级差地租，而 D 块土地则没有，那么 D 块土地的地租为零，经济学上把级差地租为零的土地称为边际土地。边际土地是农民可以种植的，因为级差地租可以看作为超额利润的相似。E块土地条件更差，产生亏损。可见，土地条件的不同决定了级差地租的有无与多少。

如果农产品的价格上升，土地的总产值就会增加，从而可以使原先没有级差地租的土地产生级差地租，原先亏损的土地不再亏损。例如，表 6-2 中的 D 块土地，如果产品价格上升到 2.5 元，它的总产值就将增加至 250 元，就会产生 50 元的级差地租，而 E 块土地的总产值也会上升到 200 元，不再亏损。这说明，随着经济发展，对农产品和土地需求的增加，使得可以出租的土地数量增加，促进对土地的开发利用。

从表 6-2 可看出当产品价格上升时，那么 E 块土地成为边际土地。

任务实施

1. 在社会主义初级阶段，土地虽然属于国家即全民或集体公有，但仍旧需要交给企业和个人去使用，土地的所有权与使用权也是分离的；而土地所具有不同的自然生产力仍然存在。因此，地租的存在具有客观必然性。

2. 在社会主义市场经济条件下，不仅消费品和生产资料是商品，而且生产要素也都要以商品的形式进入市场，利用价值、价格、货币等经济范畴进行交易活动。因此，土地作为最基本的生产要素也应该进入市场，从而地租的形成具备了客观经济条件。同时，从社会条件看，虽然社会主义实现了土地公有制，但还须将土地分别交付不同的企业、单位和个人使用，形成土地所有权和使用权的分离，而企业、单位和个人又是独立的经济实体。既然存在着公有形式的土地所有权，土地所有者要求在经济上实现土地所有权，使这部分超额利润交给土地所有者支配，转化为地租。地租的出现体现了平等竞争原则，而且可以利用地租调节土地所有者与使用者、使用者与使用者之间的经济利益关系，调节土地经济关系中的各方面的矛盾。由国家将土地使用者利用土地自然条件而带来的收益，通过收入分配集中起来，然后再用于全社会，为全社会谋福利，这是社会主义地租的实质所在。

　　土地的差别，包括土地肥沃程度、地理位置等是级差地租产生的物质基础。由于土地肥沃程度、地理位置等的不同，等量劳动投入面积相等的土地上，会有不等量的收获；等量物品位置转移时，会消耗不等的劳动。社会主义土地公有制的建立，虽然为土地的改良，经济位置的改善提供了条件，使土地总面积的绝对肥沃程度有可能提高，进入市场所支付的运输费用可能会降低，但土地的等级差别、各块土地的相对肥沃程度和位置的差别并不会因此消失。上述例子正说明了在社会主义条件下，同样存在级差地租形成的生产力基础。

　　城市土地的位置差异对经济效益的影响总是存在的，从商品生产和经营者的经济利益原则出发，城市经济中同样存在以劣等自然条件形成价格的客观要求，占有优等地和中等地的工商、房地产等企业也可以稳定地得到超额利润，即级差地租的实体也会形成。

思考题

一、填空题

1. 使地租不断上升的原因是（　　　　）。
   A. 土地的供给与需求共同增加
   B. 土地的供给不断减少，而需求不变
   C. 土地的需求日益增加，而供给不变
2. 土地的供给曲线一般（　　　　）。
   A. 缺乏弹性　　　　　　B. 富有弹性　　　　　　C. 弹性等于 1

二、简答题

1. 地租的经济作用。

2. 级差地租的作用。

🏠 知识链接

一、准地租

准地租又称准租金或准租，是英国经济学家 A. 马歇尔提出的一个重要概念。准地租是指固定资产在短期内所得到的收入，因其性质类似地租，因而被称为准地租。在短期内，固定资产是不变的，与土地的供给相似，不论这种固定资产是否取得收入，都不影响其供给。只要产品的销售价格能够补偿平均可变成本，就可以利用这些固定资产进行生产。在这种情况下，产品价格超过其平均可变成本的余额，代表固定资产的收入。这种收入是由于产品价格超过弥补其可变平均成本的余额而产生的，其性质类似地租。可用图 6-10 来说明准地租。

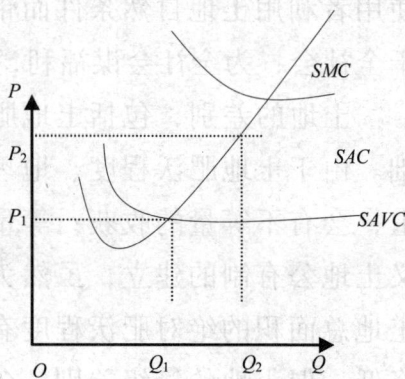

图 6-10　准地租

其性质与管理会计学中的边际贡献（毛利）相似。其公式为

$$准地租（边际贡献）=(P-AVC) \cdot Q$$

其中 P 为价格，AVC 为平均可变成本，Q 为产量。在图 6-9 中，如果价格为 OP_1 产量为 OQ_1，则收益只能弥补平均可变成本，这时不存在准地租。如果价格上升为 OP_2，产量为 OQ_2，这时，收益除了弥补平均可变成本外有剩余，剩余部分（即图上的阴影部分）就是准地租。

这里要注意的是，准地租只在短期内存在。在长期内固定资产也是可变的，固定资产的收入就是折旧费及其利息收入。这样，也就不存在准地租了。

二、经济租

如果生产要素的所有者所得到的实际收入高于他们所希望得到的收入，则超过的部分收入就被称为经济租。这种经济租类似生产者剩余，所以也称为生产者剩余。例如，劳动市场上有 A、B 两类工人各 100 人。A 类工人素质高，所要求的工资为 200 元，B 类工人素质低，所要求的工资为 150 元。

如果某种工作 A、B 两类工人都可以担任，那么，厂商在雇佣工人时，当然先雇佣 B 类工人。但在 B 类工人不够时，也不得不雇佣 A 类工人。假设某厂商需要 200 人，他就必须雇佣 B 两类工人。在这种情况下，厂商必须按 A 类工人的需求支付 200 元的工资。这样，B 类工人所得到的收入就超过了他们的要求。B 类工人所得到的高于 150 元的 50 元收入就是经济租。其他生产要素所有者也可以得到这种经济租，可用图 6-11 来说明经济租。

图 6-10 中，供给曲线表示了每增加一单位供给所需求的价格，市场价格为 OP_0。因为供给曲线也就是企业的边际成本，在此以上的各单位生产要素都得到了经济租，经济租总额就是图 6-11 上的阴影部分。准地租与经济租不一样，准地租仅在短期内存在，而经济租在长期间也存在。

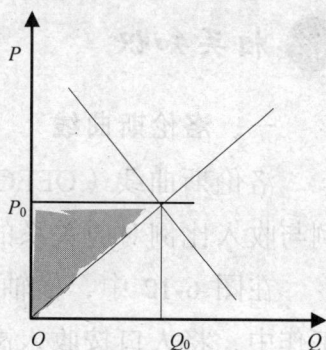

图 6-11　经济租

任务四　如何衡量收入分配的平等程度

能力目标

● 能够根据洛伦斯曲线和基尼系数判定收入分配的平等程度

知识目标

● 掌握洛伦斯曲线

● 掌握基尼系数

任务引入

如果把某国社会上的人口分为五个等级，每个等级各占人口的 20%，按照他们各自在国民收入中所占份额的大小，可以做出表 6-3。

表 6-3　国民收入分配表

级别	占人口的百分比	合计	占收入的百分比	合计
1	20	20	20	20
2	20	40	20	40
3	20	60	20	60
4	20	80	20	80
5	20	100	20	100

试问：该国家的收入分配是否平等？如何衡量该国的收入分配平等程度？

任务分析

在社会收入的分配过程中，还存在着对分配结果的衡量评价问题。分配的结果是否平等，按照什么标准，运用什么方法去衡量和判定是否平等，这是本任务的主要内容。

相关知识

一、洛伦斯曲线

洛伦斯曲线（OEFGM 曲线）是根据实际统计资料而做出的反映人口比例与收入比例对应关系的曲线。

在图 6-12 中，横轴表示人口比例，纵轴表示收入比例。假定在实际统计工作中，将人口按收入高低分为四组。最贫困的 25%人口占收入比例为 a_1，在图形上得到 E 点。以此类推，50%的低收入人口占收入比例为 a_1+a_2，由此得到 F 点；75%的人口占收入比例为 $a_1+a_2+a_3$，得到 G 点。O 点表示 0%的人口得到 0%的收入，M 点表示 100%的人口得到 100%的收入，这两个点也在洛伦斯曲线之上。

洛伦斯曲线的弯曲程度越大，收入分配越不平均。例如，对角线 OM 是一条直线，弯曲程度最小，表示 x%的人口得到 x%的收入，即收入分配是完全平均的。又如，折线 ONM 是洛伦斯曲线弯曲程度最大的情况，表示 99.99%的人口得到了 0%的收入，0.01%的人口得到 100%的收入，即收入分配是绝对不平均的。

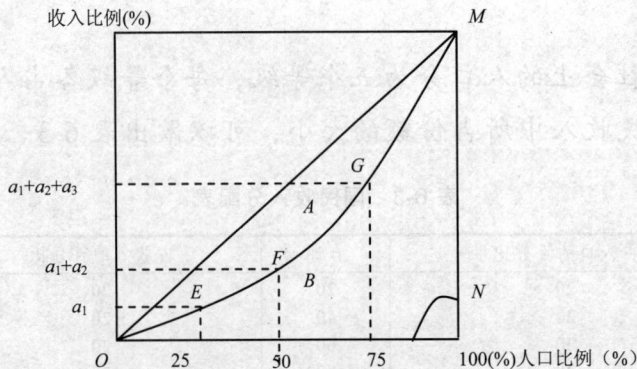

图 6-12　洛伦斯曲线

洛伦斯曲线比较直观地显示出收入分配均等程度的情况，但是人们有时需要用数字来进行量化，于是，提出了基尼系数。

二、基尼系数

基尼系数是当所有人的收入从低向高排列时，由洛伦斯曲线和对角线围成的面积与对角线和 90° 折线围成的面积的比值。在图 6-12 中，A 表示前者，$A+B$ 表示后者，基尼系数即 A 与 $A+B$ 的比值，即基尼系数 $=\dfrac{A}{A+B}$。又由于 $A+B$ 等于 1/2，所以基尼系数也相当于 $2A$，即 $G=2A$（G 表示基尼系数）。

当 $A=0$ 时，基尼系数等于 0，这时收入绝对均等。

当 $B=0$ 时，基尼系数等于 1，这时收入分配绝对不均等。

实际基尼系数总是大于 0 而小于 1。基尼系数越小，收入分配越均等；基尼系数越大，收入分配就越不均等。按国际通用标准，基尼系数小于 0.2 表示绝对平等，基尼系数为 0.2～0.3 表示比较平等，基尼系数为 0.3～0.4 表示基本合理，基尼系数为 0.4～0.5 表示差距较大，0.5 以上表示收入悬殊。

三、基尼系数的变动趋势

1.人均国民收入与基尼系数的关系

据世界银行经济学家阿鲁瓦利亚对 60 个不同类型国家在 1970 年前后的收入数据所做的分析，随着人均国民收入的增加，基尼系数会经历先扩大后缩小的过程，如表 6-4 所示。

表 6-4　人均国民收入与基尼系数的关系

人均国民收入	基尼系数
150 美元以下	0.402
150～500 美元	0.479
500～1500 美元	0.461
发达市场国家	0.358
社会主义国家	0.238

2. 部门结构与基尼系数的关系

据莱达尔的研究，随着劳动力逐渐从农业部门转移到非农产业，基尼系数会出现先扩大后缩小的过程，如表 6-5 所示。

从表 6-5 中我们可以看到，在非农业劳动力所占比例由 0%上升到 35.7%的过程中，基尼系数呈上升趋势；在非农产业劳动力所占比例由 35.7%继续提高时，基尼系数呈现下降趋势。

表 6-5 非农产业劳动力所占比例与基尼系数的关系

非农产业劳动力所占比例（%）	基尼系数
0	0.35
7.3	0.42
13.5	0.45
19. 1	0.46
24.2	0.46
35.7	0.46
45.9	0.45
55.4	0.43
64.2	0.42
80.5	0.39
95.5	0.36

3．社会制度与经济体制对基尼系数的影响

从表 6-4 可以看到，在 1970 年，社会主义国家的基尼系数只有 0.238，显著低于发达国家的 0.358，更低于低收入国家和中等收入国家。但是，社会主义国家在经济发展过程中，逐渐意识到收入分配并非越平均越好，特别是它会损害效率。

在同一社会制度下，可以存在不同的经济体制。我国在坚持社会主义制度的前提下，进行了改革与开放，导致我国基尼系数明显上升。在 1990 年，我国基尼系数已上升到 0.348，到 1999 年更上升到 0.417。

4．教育因素与基尼系数

在现代社会中，教育程度是影响人们收入的关键因素。因此，教育普及程度较高的国家收入分配会相对平均。例如，印度公共教育经费支出超过 GDP 的 3%，而我国只有 2.3%，这就使其能够避免一部分人由于"知识断裂"而被市场竞争所淘汰。这也使其在人口迅速膨胀的情况下，成为世界上收入分配最为平均的国家之一，其基尼系数尚不到 0.30。

5．政策因素与基尼系数的关系

第二次世界大战之后，许多资本主义国家实行了社会主义的政策，如通过累进所得税剥夺高收入阶层的收入，并通过各种社会福利措施提高低收入阶层的生活水平。特别是发达国家各种支持农业的政策已显著缩小了城乡差别和工农差别。

四、洛伦斯曲线与基尼系数的运用

运用洛伦斯曲线和基尼系数，可以对社会收入分配和财产分配的实际情况以及发展变化进行分析比较，也可对政策的收入分配或财产分配效应进行分析，如图 6-13 所示。

如果这三条曲线分别反映了 a、b、c 三个国家的收入分配状况的变化，我们就可以看出，a 国收入分配均等化程度最高，而 c 国则是不均等化程度最高，b 国则介于两者之间。

如果 a、b 两条曲线反映了一项政策实施前后收入分配状况的变化，我们就可以看出，该政策的实施是有助于缩小还是促使拉

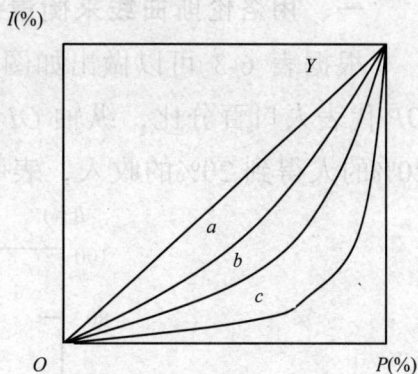

图 6-13　洛伦斯曲线的运用

大了收入分配的差距。根据洛伦斯曲线计算基尼系数，也可以进行上述的分析比较。

五、平等与效率

经济学家认为，收入分配有三种标准，第一个是贡献标准，即按社会成员的贡献分配国民收入。这也就是我们在分配理论中介绍过的，按生产要素的价格进行分配。这种分配标准能保证经济效率，但由于各成员能力、机遇的差别，又会引起收入分配的不平等。第二个是需要标准，即按社会成员对生活必需品的需要分配国民收入。第三个是平等标准，即按公平的准则来分配国民收入。后两个标准有利于收入分配的平等化，但不利于经济效率的提高。有利于经济效率则会不利于平等，有利于平等则会有损于经济效率，这就是经济学中所说的平等和效率的矛盾。

收入分配要有利于经济效率的提高，则要按贡献来分配，这样，有利于鼓励每个社会成员充分发挥自己的能力，在竞争中取胜。经济效率的高低则体现在经济增长的速度上。

"平等和效率哪一个优先"是经济学家们一直争论不休的问题。在市场经济中，分配原则是效率优先的。市场经济本身没有自发实现平等的机制。因此，收入不公问题要通过政策来解决。

任务实施

我们可以通过洛伦斯曲线和基尼系数来衡量该国的收入分配的平等

程度。

一、用洛伦斯曲线来衡量该国收入分配的平等程度

根据表 6-3 可以做出如图 6-14 所示的洛伦斯曲线。在图 6-14 中，横轴 OP 代表人口百分比，纵轴 OI 代表收入百分比。OY 为 45° 线，在这条线上每 20% 的人得到 20% 的收入，表明收入分配绝对平等。

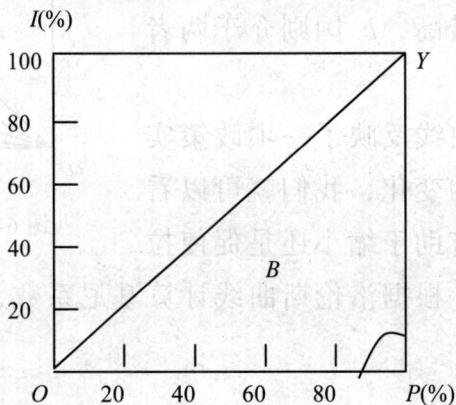

图 6-14　洛伦斯曲线

通过以上图形分析可知，该国的收入分配绝对平等。

二、用基尼系数衡量该国收入分配的平等程度

基尼系数 $G = \dfrac{A}{A+B}$，根据表 6-3 可知，$A=0$，$B=1/2$，因此，$G=0$。

我们知道，当 $A=0$ 时，基尼系数等于 0，这时收入绝对均等。

因此，该国的收入分配绝对均等。

📖 思考题

一、选择题

1. 洛伦斯曲线基尼系数是用来表示（　　　）。

　　A. 一个国家的收支平衡情况的

　　B. 一个国家的收入分配状况的

　　C. 一个国家的收入变化情况的

2. 洛伦斯曲线的弯曲程度越小，说明这个国家的（　　　）。

　　A. 收入消费比例越大

　　B. 收入分配越不平均

　　C. 收入分配越平均

3. 如果一个国家收入分配的平均程度越高，它的基尼系数就（　　　）。

    A. 越接近于 0　　　　　　B. 越接近于 0.5　　　　　C. 越接近于 1

4. 当洛伦斯曲线与绝对平均线所夹面积为零时，基尼系数（　　　）。

    A. 等于 0　　　　　　　　B. 等于 1　　　　　　　　C. 等于 ∞

5. 当洛伦斯曲线与绝对不平均线所夹面积为零时，基尼系数（　　　）。

    A. 等于 0　　　　　　　　B. 等于 1　　　　　　　　C. 等于 ∞

二、简答题

如何理解我国的收入平等程度已过国际警戒线？

项目七

国民收入核算与决定

任务一　如何核算国民收入

知识目标

● 掌握国民收入的指标
● 掌握国民收入核算方法

能力目标

● 学会核算国内生产总值

任务引入

某国××××年的国民经济数据如下 （单位：亿美元）

个人租金收入	318	折旧	2873	政府对企业的补贴	46
个人消费支出	16728	间接税	2123	政府购买	5347
统计误差	-6	总投资	3953	出口	3398
雇员报酬	15963	公司利润	1827	进口	3165
企业转移支付	105	利息	1798	财产所有者收入	1306

请分别用支出法和收入法计算（GNP）。

任务分析

微观经济学的内容并不足以使我们对经济的运行有充分的理解。社会经济整体的起伏不断影响着我们每个人的生活，比如经济的变化影响着每年毕业的大学生的求职，每个家庭的就业及收入的高低也受到总体经济发展态势的影响。国家各部门发表的资讯中充满了 GNP、GDP、失业率、消费物价指数等数据。这些都需要我们了解影响社会整体经济的变量及这些变量之间的关系。对这些总量的分析就构成了宏观经济学的基本内容。社会主义制度下的国民收入所体现的积累与消费的关系，反映的则是劳动人民长远利益与目前利益之间的经济关系。国民收入作为一个国家在一定时期内新创造的价值的总和，能够比较准确地反映这个国家新增加的物质财富，因而也是反映宏观经济效益的综合指标。在研究宏观经济运行时，我们首先要了解国民收入的核算方法，其中最重要的是支出法和收入法。

相关知识

一、国民收入的概念

1. 国民生产总值

国民生产总值（GNP）指一个国家（或地区）在一定时期（通常指 1 年、1 季度）生产出来的全部最终产品的市场价值。

最终产品是供人们最终消费或长期使用的物品。它包括人们购买的汽车、服装和各种服务，以及企业购买的机器设备等。

最终产品是与中间产品相对应的概念，后者指那些经过转售并需要进一步加工的物品，如煤、铁、棉花等。

在国民生产总值中扣除中间产品，是为了避免重复计算。例如，煤可炼焦，焦炭用于炼铁，生铁用于炼钢，钢用于造机器。在机器这种最终产品价值中，已包括了煤的成本。如果将煤、焦炭、生铁、钢等中间产品的价值与机器一起加总，各种产品中所包括的煤的价值被重复计算了多次。

最终产品是按市场价格来计算的。例如，1 毛钱的青豆制成罐头，零售价 4 毛，那么，在计算国民生产总值时，不计算作为中间产品的青豆，只计算 4 毛钱的青豆罐头。

国民生产总值有助于人们了解一个国家的综合经济实力和经济增长

状况，但是要比较人们的生活水平，需要使用人均国民生产总值的概念，它是当年国民生产总值与同年 7 月 1 日人口数量的比值。

2. 国内生产总值

国内生产总值（GDP）指在一个国家（或者地区）境内一定时期（通常指 1 年）生产出来的全部最终产品的市场价值。

理解国内生产总值和国民生产总值的概念应注意下述问题：

（1）国内生产总值和国民生产总值有所不同。国民生产总值在反映一个国家的居民从事生产性活动所取得的收入时，加上本国居民从国外取得的工资、利息和利润等收入，但减去外国居民从本国取得的工资、利息和利润等收入。而国内生产总值则不考虑从国外得到的或向国外支付的生产性收入，它反映一个国家在国内实际生产的物品和劳务的总值。大多数欧美国家主要采用国内生产总值指标，美国从 1991 年开始也主要采用国内生产总值的指标。

（2）国内生产总值和国民生产总值都是流量而不是存量，它们通常是以年度为单位度量的。流量是某一段时间发生的变量，如月收入和年储蓄增加额。存量是某一时点发生的变量，如某人目前的财产总额和储蓄余额等。

（3）国内生产总值或国民生产总值有名义和实际之分。名义国内生产总值或国民生产总值是以现行价格计算的国内生产总值或国民生产总值，它等于各种物品和劳务的数量与它们现行价格乘积的总和。它既反映实物的变化，又反映价格的变化。实际国内生产总值或国民生产总值是以不变价格计算的国内生产总值或国民生产总值，它只反映实物的变化。实际国内生产总值和名义国内生产总值的关系是

$$实际国内生产总值或国民生产总值 = \frac{名义国内生产总值或国民生产总值}{价格指数} \times 100\%$$

大家经常看到的在网上公布 GDP 数据就是名义 GDP，比如说去年中国的名义 GDP 为三万多亿美元，全球排第四。但是这个数据并没有太大的实际价值，因为这个数据不代表购买力。

以日本来举例子：2008 年日本的人均 GDP 是 42 480 美元。但是这是名义数据，若按照实际 GDP 来算，这个数字恐怕要缩水不少。比如在

日本，平均一碗普通的面条要 60 元，换算成美元差不多 9 美元的样子。也就是说日本人平均工作一年的收入也只能买 5 000 碗面条。然后我们再看看中国，人均 GDP 是 2000 多美元，换算成人民币是 15 000 元左右，然后中国国内一碗面条大概也就 5 元，所以一般中国人一年的收入也能买 3 000 碗面条。这么算来，我们和日本的实际差距并非某些人说得那么悬殊。

3. 国民生产净值

国民生产净值(NNP)（或国内生产净值）指一国在一定时期（通常为 1 年）新生产出来的产品价值，它等于国民生产总值（或国内生产总值）减去折旧费用的剩余部分，是指一个国家一年内新增的产值，即在国内生产总值中扣除了折旧之后的产值。用公式表示为

$$GNP-折旧=NNP$$

折旧是补偿生产中固定资产消耗的投资。在计算国民生产总值时，折旧费用是包括在最终产品的市场价值之内的。但是，由于固定资产（厂房、机器设备等）不是当年生产出来的，且通常能够使用许多年，使用国民生产总值指标不能准确反映当年新创造的价值，因此，人们在理论上提出国民生产净值的概念。另一方面，国民生产总值（或国内生产总值）与国民生产净值（或国内生产净值）在数据上相差不是很大，由于前者更便于统计，在实际生活中比后者使用更加普遍。

4. 国民收入

国民收入（NI）是指一个国家一年内用于生产的各种生产要素所得到的全部收入，即工资、净利息、租金和利润之和。用公式表示为

$$NNP-间接税=NI$$

工资在这里指税前工资，包括社会保险税和个人所得税，以及货币工资之外人们获得的各种实物补贴。

净利息是用于生产目的的资本报酬。等于总利息扣除政府公债利息与消费信贷利息之后所剩的余额。

租金包括地租、房租、专利使用费和版权收入等。

利润指公司税前例如，包括股息、红利和未分配利润。

反映国民收入的两个主要统计数字是 GDP 及 GNP，前者计算一段特

定时期本地进行的生产，而后者则计算本地居民的总体收入。

5. 个人收入

个人收入（PI）是指一个国家的全体个人在一定时期（通常为1年）所获得的全部收入。用公式表示为

NI−公司未分配利润−企业所得税+政府给居民户的转移支付+政府向居民支付的利息=PI

6. 个人可支配收入

个人可支配收入（DI）是个人收入经过各种税收后留归个人的余额。个人可支配收入可以分解为两个部分，即消费和储蓄。用公式表示为

$$PI−个人所得税=DI=消费+储蓄$$

【例7-1】据下表计算 GNP、NNP、NI、PI、DI。

单位（亿美元）

净投资	125	政府购买	200
净出口	15	社会保险金	130
储蓄	25	个人消费支出	500
资本折旧	50	公司未分配利润	100
政府转移支付	120	公司所得税	50
企业间接税	75	个人所得税	80

计算：GNP = 消费 + 总投资 + 政府购买 + 净出口 = 500 + （125 + 50）+ 200 + 15 = 890

$$NNP=GNP−资本折旧 = 890−50 = 840$$

$$NI=NNP−企业间接税 = 840−75 = 765$$

PI=NI−公司未分配利润−公司所得税−社会保险金 + 政府转移支付

=765−100−50−130 + 120 = 605

$$DI=PI−个人所得税 = 605−80 = 825$$

二、国民收入的核算方法

1. 用支出法计算国内生产总值

支出法是指从最终产品和劳务的购买出发，把1年中所有社会成员用于最终产品和劳务的支出加总计算的方法。这种方法基于这样一种看法，即把国内生产总值看作是花费在购买当年全部总产出的支出之和。

所以，只要把 1 年中社会购买最终产品和服务的各项支出加总起来，就可以得到当年所生产的全部最终产品和服务的市场价值，即当年的国内生产总值。

在用支出法计算国内生产总值时，各个国家的具体统计项目有差异。以我国为例，主要包括总消费、总投资和净出口。

在这里，总消费指在一定时期内最终产品和劳务消费支出的合计，包括居民消费和政府消费。居民消费指常住居民在一定时期内最终产品和劳务消费的支出。政府消费指政府和团体在一定时期内最终产品和劳务消费的支出。总投资指在一定时期内社会和私人各项投资的合计，包括社会和私人固定资产投资形成和库存增加。固定资产投资形成是社会和私人生产单位在一定时期内通过购买和自制所形成的固定资产价值。库存增加是指流动资产中实物增加额。净出口是指出口减进口。出口是指本国厂商向国外销售的产品和劳务。进口是指外国厂商向本国销售的产品和劳务。

用支出法计算国内生产总值的公式为

国内生产总值=总消费支出+总投资支出+净出口支出=总支出

其中，总支出是指一定时期内某个国家购买商品和劳务的支出总和。

2. 用收入法计算国内生产总值

收入法是指从收入的角度出发，把某国 1 年内所有生产要素提供者的收入所得加总计算出该年的国内生产总值的办法。这种方法基于这样一种看法，即把当年总产出的生产费用以各种收入的形式加以汇总得到当年的市场价值总和。经济学家认为，在扣除生产资料的中间投入之后，生产费用主要是用来支付各种生产要素的收入，因而表现为劳动者的工资、企业家的利润、股东的利息和厂房等出租的租金收入，还包括政府的税收收入和暂时留在企业的折旧收入。因此，只要把 1 年内社会生产要素的各项收入加总起来，也可以得到当年所生产的全部最终产品和服务的市场价值，即当年的国内生产总值。

在用收入法计算国内生产总值时，各个国家的具体统计项目有差异。以我国为例，主要包括固定资产折旧、劳动者报酬、生产净额和营业盈余。

在这里，固定资产折旧指一定时期内为在生产中已耗费的固定资产而提取的补偿价值，它是生产经营活动中的转移价值。劳动者报酬指在一定时期内以各种形式支付给劳动者的报酬。生产税净额指一定时期内生产单位向政府缴纳的各项生产税与政府向生产单位支付的补贴相抵之后的差额。营业盈余指一定时期内生产要素在生产过程中创造的增值价值，是企业经营效益的体现。

用收入法计算国内生产总值的公式为

国内生产总值=固定资产折旧+劳动者报酬+生产税净额+营业盈余=总收入

其中，总收入是指一定时期内某个国家各种生产要素相应取得的收入总和。

如果从各项收入的用途看，固定资产折旧、劳动者报酬、生产税净额、营业盈余不外乎可以分解为用于消费的收入和用于储蓄的收入，即

国内生产总值=用于消费的收入+用于储蓄的收入=消费+储蓄

3. 用生产法计算国内生产总值

生产法是指从生产的角度出发，将各部门总增加值加总。这里所指的部门是指产业部门，即国民经济基层单位同质性分类形成国民经济产业部门。国民经济产业部门可以按三次产业分类：第一产业主要是农业，按照自然物品为对象进行分类；第二产业主要是工业和建筑业，按照加工物品为对象进行分类；第三产业主要是服务业，按照自然人和法人对象进行分类。

在用生产法计算国内生产总值时，应注意 3 个概念：

一是总产出，指物质和劳务的全部商品产出价值，包括总增加值和中间投入。价值构成是 $C+V+M$。

二是中间投入，指全部物质和劳务的投入。

三是增加值，指全部物质和劳务的最终产品价值。

用生产法计算的国内生产总值的公式为

国内生产总值=总产出−中间投入=总产值

其中，总产值是指一定时期内某个国家生产的最终产品价值的总和。

【例 7-2】GDP 的总体核算。

国内生产总值总表 单位：亿元

生产	2000 年	使用	2000 年
一、法国内生产总值	89 468	一、支出法国内生产总值	89 341
（一）总产出	260 713	（一）最终消费	54 601
（二）中间投入（-）	171 245	居民消费	42 896
二、收入法国内生产总值	89 468	农村居民消费	19 197
	48 366	城镇居民消费	23 699
（一）劳动者报酬	12 991	政府消费	11 705
（二）生产税净额		（二）资本形成总额	32 500
生产税		固定资本形成总额	32 624
生产补贴（-）	14 154	存货增加	-124
（三）固定资本消耗	13 957	（三）净出口	2 240
（四）营业盈余		出口	23 143
		进口（-）	20 903
		二、统计误差	127

数据来源：中国统计年鉴-2004。

按三种方法计算的国内生产总值反映的是同一经济总体在同一时期的生产活动成果，因此，从理论上讲，三种计算方法所得到的结果应该是一致的。但在实践中，由于受资料来源的影响，要保证结果完全相等几乎是不可能的。按三种方法计算的国内生产总值数据之间具有如下关系：

$$国内生产总值=生产法国内生产总值$$
$$=收入法国内生产总值$$
$$=支出法国内生产总值+统计误差$$

【例 7-3】根据以下数据从国内生产总值推算国民生产总值。

已知 2003 年中国国内生产总值为 117 251.7 亿元，同期国际收支中有关收益分配的数据如下：对外支付的劳动报酬 11.2 亿美元，投资收益(即财产收入)228.1 亿美元；自国外获得的劳动报酬 12.8 亿美元，投资收益 148.1 亿美元。

由国民生产总值与国内生产总值的关系公式可以看出

国民生产总值=国内生产总值-付给国外的要素收入+来自国外的要素收入

在题目中，首先将对外支付与收益的美元进行换算：取 1 美元=8.27元人民币，可推算出：付给国外的要素收入=11.2+228.1=239.3（亿美元）

来自国外的要素收入=12.8+148.1=160.9（亿美元）

国民生产总值=国内生产总值-付给国外的要素收入+来自国外的要素收入

$$=117\ 251.7-239.3 \times 8.27+160.9 \times 8.27=116\ 603.3（亿元）$$

133

➡ 任务实施

下面分别用支出法和收入法计算任务引入中，该国家×××× 年的国内生产总值：

一、支出法

GDP=总消费支出+总投资支出+净出口支出+统计误差

=16 728+3 953+5 347+（3 398-3 165）+6=26 267（亿美元）

二、收入法

GDP=固定资产折旧+劳动者报酬+生产税净额+营业盈余

=2 873+318+15 963+1 798+1 306+105+2 123+1 827-46=26 267（亿美元）

📖 思考题

一、填空题

1. 国内生产总值的计算方法主要有（   ），（   ），以及（   ）。

2. 国民收入核算中的五个基本总量是（   ），（   ），（   ），（   ），（   ）。

二、选择题

1. 在下列三种情况中应该计入当年国内生产总值是（   ）。

    A. 用来生产面包的面粉

    B. 居民用来自己食用的面粉

    C. 粮店为居民加工面条的面粉

2. 在下列三种情况中作为最终产品的是（   ）。

    A. 公司职员用于上下班的小汽车

    B. 工厂用于运送物品的小汽车

    C. 旅游公司用于载客的小汽车

3. 国内生产总值中最终产品指（   ）。

    A. 有形的产品

    B. 无形的产品

    C. 既包括有形的产品，也包括无形的产品

三、简答题

1. 什么是 GDP？
2. 简述国民收入的核算方法。

知识链接

国民收入的收入流量循环模型

从支出法、收入法与生产法所得出的国民生产总值的一致性，可以说明国民经济中的一个基本平衡关系。总支出代表了社会对最终产品的总需求，而总收入和总产量代表了社会对最终产品的总供给。因此，从国民生产总值的核算方法中可以得出：总需求=总供给的恒等式。

这种恒等关系在宏观经济学中是十分重要的，我们可以从国民经济的运行，即国民经济的收入流量循环模型来分析这个恒等式。

理论研究是从简单到复杂，从抽象到具体的。所以，我们从两部门经济入手研究国民经济的收入流量循环模型与国民经济中的恒等关系，进而研究三部门与四部门经济。

1. 两部门经济的收入流量循环模型及均衡

在一个只有居民与企业，但没有政府的简单经济中，我们可以得到这样一个恒等式

$$Y=C+I \qquad \qquad ①$$

Y 总产量（用总产值衡量）；C 消费支出；I 投资支出（假定没有折旧，不分总投资与净投资）。它表明总产量要么被居民买去消费，要么被企业买去投资。为什么①式是一个恒等式？因为企业生产出来但没能卖掉的产品（包括消费品与投资品），变成了企业的存款，等于企业自己买下这些产品。而存货增加是计入投资支出的。所以总产品不是被用于消费就是被用于投资，①式恒等。

第二步我们来研究与总产量完全等价的总收入与消费和储蓄之间的关系。在这个两部门经济中，国内私人部门（=企业部门+居民部门）获得的收入等于总产品的价值。（更确切地说应该是家庭部门得到了全部的收入。因为公司企业也是家庭部门所拥有的，公司的利润留成在所有权上也属于居民部门，可以看成是家庭委托企业进行的储蓄）。这些收入如

135

何处置呢？要么用于消费支出，要么储蓄起来。家庭部门即居民进行储蓄的目的是多种多样的，有的人因钱太多而花不完，有的人因节俭而不愿花光，有的人要积钱防老，有的人持币购物等。这里我们假定还没有政府与国外部门。由此可得：

$$Y=C+S \qquad ②$$

式中 S 为私人储蓄。接下来我们将①式与②式合并：

$$C+I=Y=C+S \qquad ③$$

①左边代表总产品需求的构成，右边代表总收入的配置。恒等号说明：总产量等于总购买量；总产值等于私人部门获得的总收入；总收入要么用来购买产品要么储蓄起来。

将③式变形得：

$$I=Y-C=S \text{ 即 } I=S \qquad ④$$

投资恒等于储蓄，应如何理解？在一个没有货币的简单经济中，人们只能以储存实物来进行储蓄，这在我们的定义中就是存货投资。在货币经济中，投资者只能用储蓄节省下来的那份收入购买未被消费者买去的那部分产品进行投资，未被用于消费的那份收入≡未被用于消费的那部分部产品，其中包括非愿意的存货投资。

理解两部门经济核算也可用图 7-1 来说明。

企业向居民户支付生产要素报酬

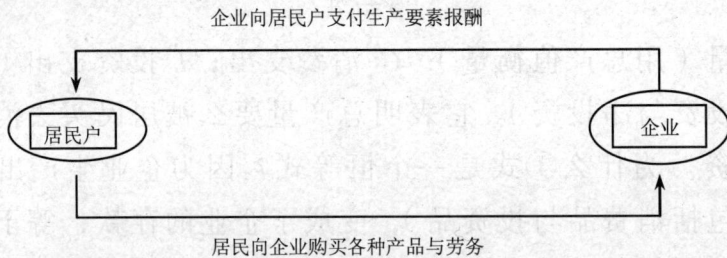

居民向企业购买各种产品与劳务

图 7-1　两部门经济流量循环模型

2. 三部门经济的收入流量循环模型及均衡

三部门经济是包括居民户、厂商和政府的经济。在这种经济中，政府的经济职能是通过支出与税收来实现的。政府的支出包括政府购买与转移支付。政府购买是指政府对各种产品与劳务的购买，例如政府从事于基础设施、教育、医疗等的支出（购买各种生产要素等）以及其他购买。转移支付是指政府不以换取产品与劳务为目的的支出，例如失业救济、贫困补助等。政府通过这些支出向社会提供"公共物品"（基础设施、国防、立法、教育、行政管理等）。税收可分为直接税和间接税。直接税是指由税收负担不由纳税人直接承担，可以转嫁出去的税收，如营业税的负担并不由纳税的经营者承担，可以通过提高价格而转嫁给消费者。

政府通过税收与支出和居民户及厂商发生联系，这时收入流量循环模型如图 7-2 所示。

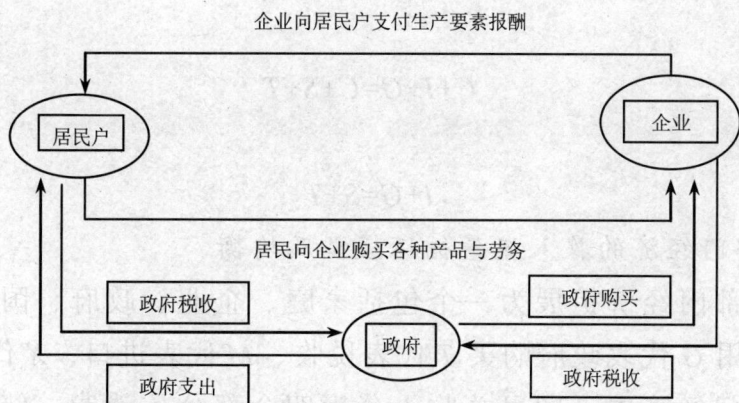

企业向居民户支付生产要素报酬

居民户   企业

居民向企业购买各种产品与劳务

政府税收   政府购买

政府

政府支出   政府税收

图 7-2　三部门经济的收入流量循环模型

图 7-2 反映了居民户、厂商与政府之间的联系，即除了原来居民户与厂商之间的关系外，居民户向政府交纳税收，并由于向政府提供产品与劳务得到支付或转移支付，厂商向政府交纳税收，并由于向政府提供产品与劳务而得到支付。这时，经济要以不变的规模运行下去，不仅要居民户的支出与厂商支付的生产要素报酬相等，而且，还要政府的支出和税收相等。

在三部门经济中，总需求不仅包括居民户的消费需求与厂商的投资需求，而且还包括了政府的需求。政府的需求可以用政府购买来代表。所以，

总需求=消费+投资+政府购买

如果以 G 代表政府购买，则可以把上式写为：

$$AD=C+I+G$$

在三部门经济的总供给中，除了居民户提供的各种生产要素之外，

还有政府的供给。政府的供给是政府为整个社会所提供的"公共产品"（基础设施、国防、立法、教育等）。政府能提供"公共产品"的来源是税收，这样，可以用政府税收来代表政府的供给。所以，

$$总供给=消费+储蓄+税收$$

如果以 T 代表政府税收，则可以把上式写为：

$$AS=C+S+T$$

三部分经济中，国民收入均衡的条件仍然是总需求等于总供给：

$$AD=AS$$

即

$$C+I+G=C+S+T$$

或者

$$I+G=S+T$$

3．四部门经济的收入流量循环模型及均衡

现将两部门经济扩展为一个包括家庭、企业、政府、国外四部门的经济。我们用 G 代表政府购买 T 代表税收、M 代表进口，X 代表出口。

在四部门经济中，国民总收入分为四个部分；消费、储蓄、税收和进口。消费就是指用来购买国内最终产品和劳务的收入；储蓄是国民总收入中没有用于购买产品和劳务及其纳税的那一部分收入；税收是政府从居民和企业得到的那一部分收入；进口是国民总收入中用于购买国外产品和劳务的部分。

总收入消费+储蓄+税收+进口，用公式表示为：$AI=C+S+T+M$

在四部门经济中，总支出也可分为四个部分；消费支出、投资支出、政府支出和出口。

总支出=消费支出+投资支出+政府支出+出口，用公式表示为：

$$AE=C+I+G+X$$

据国民收入核算的基本恒等式，总收入=总支出，即 $AI=AE$，那么，

$$C+S+T+M=C+I+G+X$$

等式两端同时减去 C 得出：$S+T+M=I+G+X$

这样就得出四部门经济中的恒等关系：$S+T+M=I+G+X$

理解四部门经济的核算问题，可以用图 7-3 中来说明。

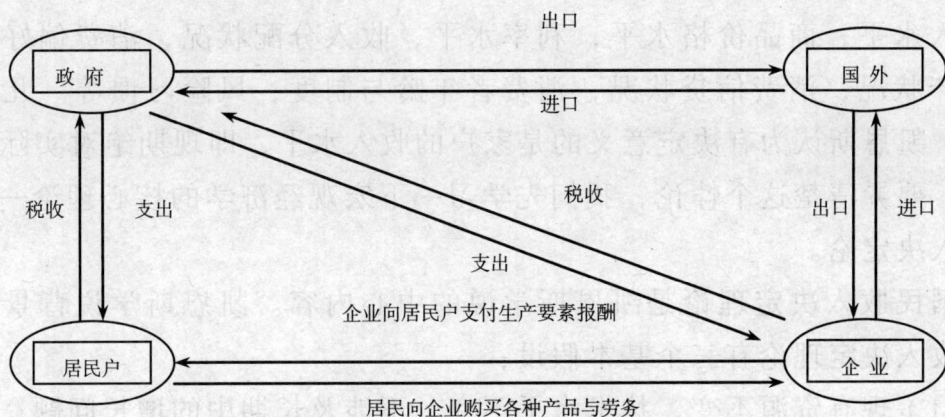

图 7-3　四部门经济的收入流量循环模型

任务二　如何决定国民收入水平

能力目标
- 掌握总需求和总供给是如何决定国民收入水平的

知识目标
- 掌握总需求如何决定国民收入水平
- 熟悉在利率和投资变动的情况下，总需求如何影响国民收入

任务引入

18 世纪，荷兰的曼德维尔博士在《蜜蜂的寓言》一书中讲过一个有趣的故事。一群蜜蜂为了追求奢华的生活，大肆挥霍，结果这个蜂群很快兴旺发达起来。某一天，因为换了新蜂王，这群蜜蜂改变了生活习惯，放弃了奢侈的消费，开始崇尚节俭，这却导致了整个蜜蜂社会逐渐衰落，最后在外敌的入侵中不堪一击而被摧毁。

此蜜蜂的故事说的是"节俭的逻辑"，也就是在经济学上的"节俭悖论"。众所周知，节俭是一种美德，既然是美德，为什么还会产生这个悖论呢？

任务分析

这个故事把蜜蜂群比喻成了一个社会，影响家户消费的因素很多，有收入水平，商品价格水平，利率水平，收入分配状况，消费偏好，家庭财产状况，消费信贷状况，消费者年龄与制度，风险习惯等。几个指标中，凯恩斯认为有决定意义的是家户的收入水平，即现期绝对实际收入水平。要弄清楚这个悖论，我们先学习一下宏观经济学的核心理论——国民收入决定论。

国民收入决定理论是凯恩斯学说的中心内容。凯恩斯学说背景下的国民收入决定理论有三个基本假设：

（1）现有资源不变、技术水平不变，不涉及长期中的增长问题；

（2）各种资源没有得到充分利用，因而总需求可以无限扩大；

（3）价格水平不变，不考虑价格水平的决定及对国民收入的影响。

在分析均衡条件下的国民收入决定时，也遵循由浅入深的原则：一是先讨论一个社会只包括两个部门，以后再延伸到多个部门；二是论及一些经济变量时，先着重老了某一变量（C），假定其他变量（I）为既定。以后再延伸到多个变量。

相关知识

一、简单的国民收入决定模型

1. 总需求的构成

在说明总需求对国民收入水平的决定时，先介绍简单的国民收入决定模型。这一模型还有两点假设：第一，利息率水平既定；第二，投资水平既定；第三，价格总水平既定。

总需求是整个社会对产品与劳务需求的总和。通常以产出的需求水平来表示，是由消费需求、投资需求、政府需求和国外需求构成。在国民收入核算中，社会各部门对商品和服务的总支出代表了整个社会的总需求水平，即总支出＝总需求，这里要考虑封闭经济与开放经济条件下的总需求构成。

（1）封闭经济条件下的总需求构成

所谓封闭经济是指经济没有对外贸易活动，或对外贸易活动不占重要地位，因而可以忽略的情况。

假定在封闭经济条件下，政府的经济活动相对不重要，因而可以忽略的话，那么总需求是由个人消费支出和私人投资支出构成的，因此，计划经济时的需求就是这样的。

$$总需求 = 消费支出 + 投资支出$$
$$= 消费 + 投资$$
$$= C + I$$

假定政府的经济活动相对重要，因而必须考虑的话，那么总需求是由个人消费支出和私人投资支出、以及政府在购买产品和劳动上的支出构成的。因此：

$$总需求 = 消费支出 + 投资支出 + 政府支出$$
$$= C + I + G$$

（2）开放经济条件下总需求的构成

所谓开放经济是指经济不仅具有对外贸易，而且对外贸易活动占据重要地位，因而必须加以考虑的情况。假定在开放经济条件下，国际间的资本流动和人力流动相对不重要，因而可以忽略的话，那么总需求是由个人消费支出和私人投资支出，以及政府在购买产品和劳务上的支出和净出口（即出口减进口）构成的。因此：

$$总需求 = 消费支出 + 投资支出 + 政府支出 + （出口 - 进口）$$
$$= C + I + G + （X - M）$$

2. 总需求与均衡国民收入的决定

总需求与总供给相等时的国民收入是均衡的国民收入。当不考虑总供给这一因素时，均衡的国民收入水平就是由总需求决定的。可用图 7-4 来说明这一原理。

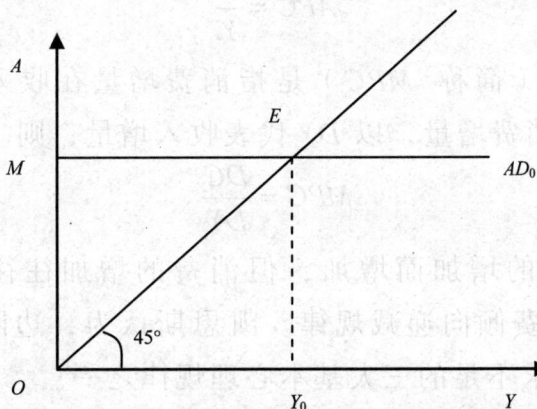

图 7-4 总需求与国民收入决定

在图 7-4 中，横轴 OY 代表国民收入，纵轴 OA 代表总需求，45° 线表示总需求等于总供给。AD_0 代表总需求水平，它是一条与横轴平行的线，表示这里不考虑总需求变动的情况。45° 与 AD_0 相交于 E，决定了均衡的国民收入水平为 Y_0。在 Y_0 之左，总需求大于总供给，在 Y_0 之右，总需求小于总供给，只有在 Y_0 时，总需求等于总供给，处于均衡状态。这时的国民收入就是均衡的国民收入。

3.消费与均衡国民收入的决定

在简单的国民收入决定理论中，我们假定总需求中的其他部分不变，仅仅考虑总需求中消费的变动对总需求的影响。这样就先要了解消费函数，以及相关的储蓄函数。

（1）消费函数

消费函数是指消费支出与决定消费的各种因素之间的依存关系。影响消费的因素很多，但收入是最主要的因素。所以，消费函数一般以收入为自变量，反映收入和消费之间的依存关系。一般来说，在其他条件不变的情况下，消费随收入的变动而呈现同方面的变动，即收入增加、消费增加，收入减少、消费减少。但消费与收入并不一定按同一比例变动。如果以 C 代表消费，Y 代表收入，则消费函数就是

$$C=f(Y)$$

消费与收入之间的关系，可以用平均消费倾向和边际消费倾向来说明。

平均消费倾向（简称为 APC）是指消费在收入中所占的比例，如果用 C 表示消费，用 Y 表示收入，则

$$APC = \frac{C}{Y}$$

边际消费倾向（简称 MPC）是指消费增量在收入增量中所占的比例，如以 DC 代表消费增量，以 DY 代表收入增量，则

$$MPC = \frac{DC}{DY}$$

消费随着收入的增加而增加，但消费的增加往往不如收入增加得多，这就是边际消费倾向递减规律。凯恩斯认为，边际消费倾向递减规律是引起社会总需求不足的三大基本心理规律之一。

（2）储蓄函数

储蓄函数是指储蓄与决定储蓄大小的各种因素之间的依存关系，影响储蓄的因素很多。但收入是最主要的因素，所以，储蓄函数主要反映收入与储蓄之间的依存关系，一般而言，在其他条件不变的情况下，储蓄随收入的变动而同方向变动，即收入增加，储蓄增加，收入减少，储蓄减少。如果以 S 代表储蓄，则储蓄函数就是

$$S=f(Y)$$

储蓄与收入之间的关系，可以用平均储蓄倾向和边际储蓄倾向来说明。

储蓄倾向是指储蓄在收入中所占的比例，平均储蓄倾向是指储蓄在收入中所占比例。如果以 APS 代表平均储蓄倾向，则

$$APS=\frac{S}{Y}$$

边际储蓄倾向是指增加的收入中用于储蓄的比例。如果以 MPS 代表边际储蓄倾向，以 DS 代表增加的储蓄则

$$MPS=\frac{DS}{DY}$$

全部的收入分为消费与储蓄，所以

$$APC+APS=1$$

同样，全部增加的收入分为增加的消费与增加的储蓄，所以

$$MPC+MPS=1$$

（3）消费函数、总需求与均衡国民收入

全部消费实际上可以分为两部分，一部分是不取决于收入的自发消费，另一部分是随收入变动而变动的引致消费。自发消费是由人的基本需求决定的最必需的消费，如维持生存的衣、食、住等。无论收入多少，这部分消费都是不可少的。在经济分析中，假设这部分消费不取决于收入，是一个固定的量。自发的含义就是指它是由人的生存需要所决定的，不随收入的变动而变动。引致消费指收入所引起的消费，这部分消费的大小取决于收入与边际消费倾向。以 C 代表全部消费，$\bar{c}$ 代表自发消费，c 代表边际消费倾向，则可以把消费函数写为

$$C=\bar{c}+c\cdot Y$$

总需求包括消费与投资，假定投资不变，为 I，则可以把总需求写为

$$AD=C+I$$
$$=\bar{c}+c \cdot Y+I$$

总需求中不变的自发消费与投资成为自发总需求，它不随收入的变动而变动，用 $\bar{A}$ 来代表，则可把上式写为

$$AD = C+c \cdot Y+I$$
$$= \bar{A}+c \cdot Y$$

这样就可以把总需求决定均衡国民收入的图 7-4 画为图 7-5。

在图 7-5 中，总需求曲线 AD_0 的截距为 $\bar{A}$，即自发总需求，斜率为边际消费倾向 c。AD_0 向右上方倾斜说明，总需求中由于包括引致消费而随国民收入的增加而增加。AD_0 与 45°线相交于 E，仍决定了均衡的国民收入为 Y_0。

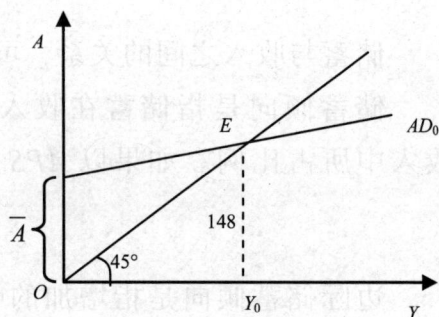

图 7-5　总需求与国民收入决定

均衡国民收入决定的条件是总供给（国民收入）与总需求相等，即：

$$Y = AD$$
$$AD = \bar{A}+c \cdot Y$$
$$Y = \bar{A}+c \cdot Y$$
$$Y-c \cdot Y = \bar{A}$$

$$Y_0 = \frac{1}{1-c} \cdot Y$$ 这个公式是不是应该是 $Y_0 = \frac{1}{1-c} \cdot \bar{A}$

上式说明了均衡国民收入 Y_0 的决定因素。

4. 总需求与国民收入水平的变动

均衡的国民收入水平是由总需求决定的，因此，总需求的变动必然引起均衡的国民收入水平的变动。总需求水平的高低，决定了均衡的国民收入的大小。所以，总需求的变动会引起均衡的国民收入同方向变动，即总需求增加，均衡的国民收入增加，总需求减少，均衡的国民收入减少。我们可以用图 7-6 来说明这一点。

在图 7-6 中，总需求曲线向上方移动，即从 AD_0 移动到 AD_1，表示总需求增加；总需求曲线向下方移动，即从 AD_0 移动到 AD_2，表示总需求

减少。当总需求为 AD_0 时，决定了国民收入为 Y_0。当总需求为 AD_1，决定了国民收入为 Y_1。$Y_1 > Y_0$，这就说明由于总需求水平由从 AD_0 增加到 AD_1 时，而使均衡的国民收入水平由 Y_0 增加到 Y_1。当总需求为 AD_2 时，决定了国民收入为 Y_2。$Y_2 < Y_0$，这就说明由于总需求水平由 AD_0 减少到 AD_2，而使均衡的国民收入水平由 Y_0 减少到 Y_2。

在图 7-6 中，总需求变动表现为总需求曲线的平行移动。这就说明总需求变动是由于自发总需求的变动所引起的。设自发总需求的变动量为 $\Delta \overline{A}$，则这三条总需求曲线为

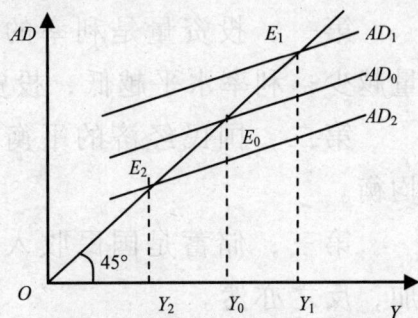

图 7-6 总需求平行移动与国民收入

$$AD_0 = \overline{A} + C \cdot Y$$
$$AD_1 = \overline{A} + \Delta \overline{A} + C \cdot Y$$
$$AD_2 = \overline{A} - \Delta \overline{A} + C \cdot Y$$

根据上述总需求与国民收入变动的关系，还可以进一步研究储蓄与国民收入变动的关系。在既定的收入中，消费与储蓄呈反方向变动，即消费增加，储蓄减少；消费减少，储蓄增加。消费是总需求的一个重要组成部分，储蓄增加时消费减少，总需求减少，从而国民收入减少，反之，储蓄减少使消费增加，总需求增加，从而国民收入增加。因此，储蓄的变动会引起国民收入反方向变动。

二、IS-LM 模型

简单的国民收入决定模型只考虑了利息率与投资不变的情况下，总需求对均衡的国民收入的决定。而实际上利息率和投资都是变动的，而且，对总需求和国民收入影响较大。IS-LM 模型将分析在利息率与投资变动的情况下，总需求对国民收入的决定，以及利息率与国民收入之间的关系。

IS-LM 模型是说明商品市场与货币市场同时达到均衡时国民收入与利息率决定的模型。在这里，I 是指投资，S 是指储蓄，L 是指货币需求，M 是指货币供给。

1. *IS* 曲线：商品市场的均衡

IS 曲线的形成。商品市场是指由消费品与投资品构成的市场。*IS* 曲线，就是在利率和国民收入不同条件下，投资与储蓄相等的曲线。*I* 表示投资，*S* 表示储蓄。这样的曲线具有以下三个重要的假设：

第一，投资量是利率的递减函数。也就是说，利率水平越高，投资量越少；利率水平越低，投资量就越多。

第二，国民经济的平衡要求实现投资等于储蓄，以实现国民经济的均衡。

第三，储蓄是国民收入的函数。一般来说，国民收入增加，储蓄增加，反之亦然。

从上述三个假定出发，就可以理解国民经济均衡条件下，实现储蓄与投资相等所要求的利率与国民收入的关系。也就是说，在国民经济均衡的条件下，要实现投资与储蓄相等，利率与国民收入必须呈反方向变动关系。即利率越大，投资越少，国民收入也相应越少；反之，利率越小，投资越多，国民收入也相应越多。如图 7-8 所示的 *IS* 曲线，它是一条向右下方倾斜的曲线。

如图 7-7 中所示，之所以在商品市场上利息率与国民收入呈反方向变动是由于利息率与投资呈反方向变动，因为，投资的目的在于实现利润最大化。投资者在做出是否投资或投资多少的决策时，常常要考虑利息率与利润率之间的相对关系，即只有在利润率高于利息率时，他才会决定投资，否则这笔资金还不如存入银行以获取利息。当利润率既定时，投资显然就只取决于利息率了。利息率越低，投资越多；反之，投资越少，可见，利息率与投资是呈反方向变动的。由于投资又是总需求中的一个重要内容，因而，投资增加，总需求增加；投资减少，总需求便减少。同时，总需求又是与国民收入呈同方向变动的，因此，利息率也就必定与国民收入呈反方向变动。

总需求的变动会引起 *IS* 曲线的位置发生平行的移动。这一情况可见图 7-8。

在图 7-8 中，当总需求增加时，*IS* 曲线向右上方移动，即从 IS_0 移至 IS_1；当总需求减少时，*IS* 曲线向左下方移动，即从 IS_0 移至 IS_2。

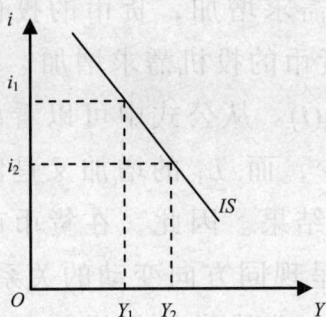

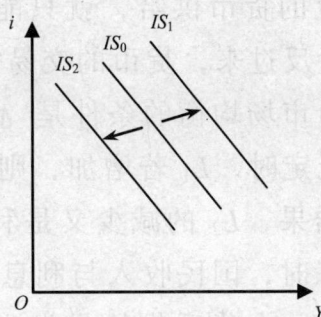

图 7-7 IS 曲线   图 7-8 总需求的变动与 IS 曲线的移动

2. LM 曲线：货币市场的均衡

LM 曲线描述的是在 L=M 即货币市场的需求与供给达到均衡时，国民收入水平与利率之间存在着同方向变动的关系，L 代表货币需求，M 代表货币供给。见图 7-9。按凯恩斯主义货币理论的解释，货币市场上利息率与国民收入呈同方向变动的原因在于：货币需求（I）是由货币的交易需求与谨慎需求（L_1）和货币的投机需求（L_2）组成的；$L_1=L_1$（Y）；L_2 取决于利息率并与利息率呈反方向变动，记为 $L_2=L_2$（i）；货币的供给（M）指的是实际的货币供给量，它由中央银行的名义货币供给量与价格水平决定。

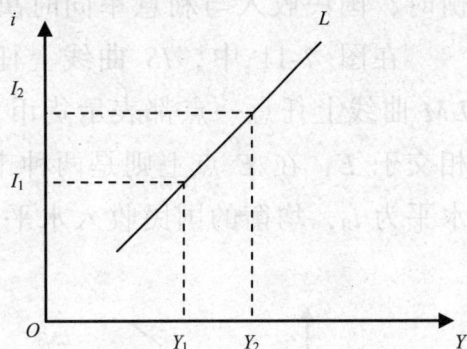

图 7-9 LM 曲线

$$M=L=L_1(Y)+L_2(i)$$

LM 曲线的含义是在几个得要假设之上的：

首先，利率和货币的投机需求呈反方向变动关系。利率越高，人们持有的现金就越小，反之，则越多。货币的投机需求因此是利率的函数。

第二，货币交易需求为国民收入的函数，国民收入多则货币的交易需求多，反之则少。

第三，货币供给由中央银行外生决定，在一定时期内为既定的常数；货币需求则由货币交易需求与货币投机需求之和决定。货币需求要适应既定的货币供给，就只能是货币交易需求增加，货币的投机需求减少；或者反过来，货币的交易需求减少，货币的投机需求增加。

货币市场均衡的条件是 $M=L=L_1(Y)+L_2(i)$。从公式中可以看出，当货币供给既定时，L_1 若增加，则 L_2 必然减少，而 L_1 的增加又是国民收入增加的结果，L_2 的减少又是利息率上升的结果。因此，在货币市场达到均衡状态时，国民收入与利息率之间必然呈现同方向变动的关系。

那么，在货币供给量发生变化时，LM 曲线供给量增加时，LM 曲线向右下方移动，即从 LM_0 移至 LM_1；当货币供给量减少时，LM 曲线向左上方移动，即从 LM_0 移至 LM_2。可见，货币供给量的变动会使 LM 曲线的位置平行移动。见图 7-10。

3．IS-LM 模型：两个市场同时均衡的国民收入决定

把 IS 曲线与 LM 曲线放在同一个图上，就可以得出两个市场同时均衡时，国民收入与利息率同时决定的 IS-LM 模型，如图 7-11 所示。

在图 7-11 中，IS 曲线上任意一点都表示物品市场的均衡，即 $I=S$。LM 曲线上任意一点都表示货币市场的均衡，即 $L=M$。IS 曲线与 LM 曲线相交于 E，在 E 点上则是两种市场的同时均衡。这时决定了均衡的利息率水平为 i_0，均衡的国民收入水平为 Y_0，此时两种市场达到同时的均衡。

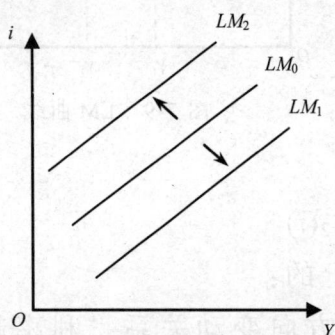

图 7-10　货币供给量的变动使 LM 曲线的移动

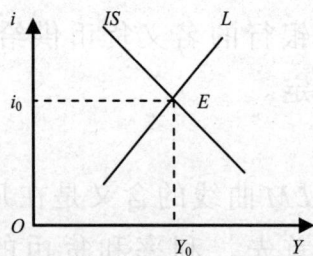

图 7-11　IS-LM 模型

三、总需求——总供给模型

在以上总需求分析中，我们假设总供给可以适应总需求的增加而增加，以及价格水平不变，从而也就没有分析总供给对国民收入决定的影响以及价格水平的决定。但在现实中，总供给是有限的，价格水平也是变动的。在总需求——总供给模型中，我们就要把总需求分析与总供给分

析结合起来，说明总需求与总供给如何决定国民收入与价格水平。

1. 总需求曲线

总需求曲线是表明商品市场与货币市场同时达到均衡时总需求与价格水平之间的关系曲线，见图 7-12，总需求曲线表明价格水平与国民收入反方向变动的关系。

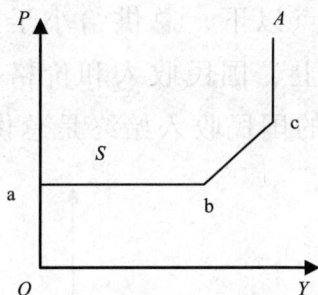

这种总需求与价格水平呈反方向变动关系的原因可用前面的 *IS-LM* 模型来予以解释。在 *IS-LM* 模型中，货币供给量指的是实际货币供给量，其大小取决于名义货币供给量与价格水平两个方面。当名义货币供给量不变时，实际货币供给量与价格水平呈反方向变动，即价格水平上升，实际货币供给量减少，价格水平下降，实际货币供给量增加。因此，在货币需求不变的情况下，实际货币供给量的增加会引起利息率的下降，进而引起投资增加，总需求增加。

2. 总供给曲线

总供给曲线表明在每一既定的价格水平下，所有厂商愿意提供的产品与劳务的总和，由于总供给取决于资源利用情况而定。因而在不同的资源利用状况下，总供给与价格水平之间的关系，即总供给曲线，是不同的。右面的图 7-13 即说明了总供给曲线的三种不同情况：

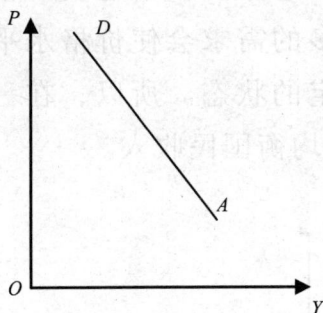

图 7-12　总需求曲线　　　　图 7-13　总供给曲线

（1）总供给曲线呈现为一条与横轴相平行的线，即图中的 *a-b* 线段。它表明了在资源尚未得到充分利用的条件下，可以在不提高价格的情况下增加总供给。这种情况是由凯恩斯提出来的，因而该曲线被称为"凯恩斯主义总供给曲线"。

（2）供给曲线表现为一条向右上方倾斜曲线，即图中的 b-c 线段。它表明了在资源接近利用的条件下，由于产量的增加会使生产要素的价格上涨。从而使生产成本增加，进而推动整个价格水平的上升，也表明总供给与价格水平呈同方向变动，但这是短期内存在的情况。该曲线被称为"短期总供给曲线"。

（3）总供给曲线表现为一条垂线，即图中的 c 点以上的线段。它表明的是在资源已得到充分利用的条件下，无论价格水平如何上升，总供给也不会增加。由于在长期中来看，经济总是会实现充分就业的，因而该曲线被看作为"长期总供给曲线"。

上述三种情况的总供给曲线，除了第二种因为是短期总供给曲线，它会由于技术进步等原因而发生向左下方或右上方的平行推移外，其他两种情况的总供给曲线，在资源既定，即潜在的国民收入水平既定的条件下，均不会发生上下或左右的平行推移。

3. 总供求模型

总供求模型就是将总需求曲线和总供给曲线结合起来说明国民收入与价格水平的决定问题。如图 7-14 所示，总需求曲线 AD 与总供给曲线 AS 相交于 E_0 点，决定了相应的均衡国民收入为 Y_0，均衡的价格水平为 P_0。在均衡点的上方，总供给大于总需求，过多的供给迫使价格下降；而在均衡点以下，总供给小于总需求，过多的需求会使价格水平上升。在均衡点上，国民收入和价格水平达到稳定的状态。所以，在一定时期内，实际的国民收入始终是总供求相等时的均衡国民收入。

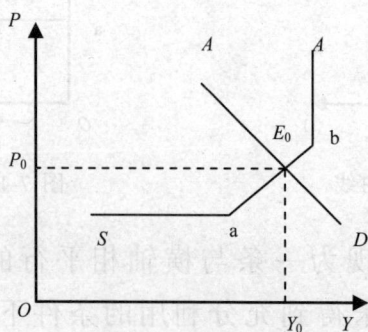

图 7-14　总供求均衡与国民收入决定

在总需求-总供给模型中，我们分析总需求变动对国民收入与价格水平的影响时，必须考虑到总供给曲线的不同情况。

任务实施

根据上述国民收入决定理论，来分析"节俭悖论"。在既定的收入中，消费与储蓄呈反方向变动。而增加消费、减少储蓄会增加总需求，从而使国民收入增加，经济繁荣；相反，减少消费、增加储蓄会减少总需求，从而使国民收入减少，经济萧条。由此就得出了一个自相矛盾的结论：仅从个人的角度来看，个人节制消费、增加储蓄，可以获得利息收入，从而可以使个人财富增加；但从整个经济来看，个人减少消费、增加储蓄会减少国民收入，引起经济萧条，因而对整个经济来说是坏事。相反，个人增加消费、减少储蓄会减少个人财富，但却会增加国民收入，使经济繁荣，对整个经济来说则是好事。节俭所导致的这种相互矛盾的结果被成为"节俭悖论"。可以用图 7-15 来进行说明。

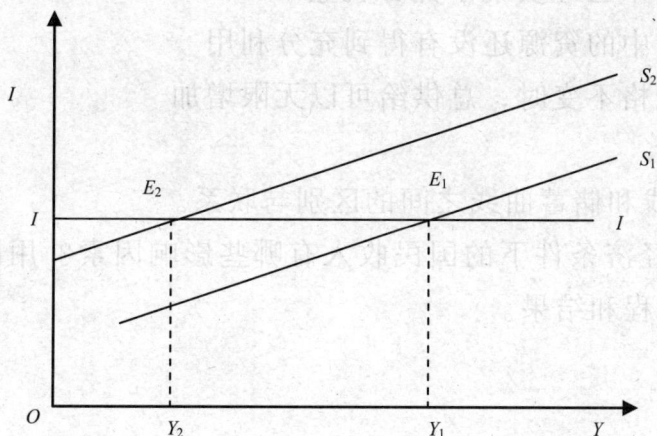

图 7-15　节俭悖论

思考题

一、填空题

1. 平均消费倾向与平均储蓄倾向之和等于（　　），边际消费倾向于边际储蓄倾向之和等于（　　）。

2. 在简单的国民收入模型，消费增加，国民收入（　　）；储蓄增加，国民收入（　　）。

3．边际消费倾向越高，乘数（　　　　）；边际消费倾向越低，乘数（　　　　）。

4．只有在社会上各种资源（　　　　）充分利用时，乘数才发生作用。

5．总需求曲线是一条向（　　　　）倾斜的曲线，这表明总需求与价格成（　　　　）向变动。

6．在总需求不变时，短期总供给的增加会引起国民收入（　　　　），价格水平（　　　　）。

二、选择题

1．在以下三种情况中，乘数最大的是（　　　　）。

    A．边际消费倾向为 0.6

    B．边际消费倾向为 0.4

    C．边际消费倾向为 0.75

2．长期总供给曲线表示（　　　　）。

    A．经济中已经实现了充分就业

    B．经济中的资源还没有得到充分利用

    C．在价格不变时，总供给可以无限增加

三、简答题

1．消费曲线和储蓄曲线之间的区别与联系。

2．三部门经济条件下的国民收入有哪些影响因素？用图线表明各影响因素的影响过程和结果。

知识链接

乘数论

一、乘数理论的基本内容

乘数论是由英国经济学家 J.M.凯恩斯建立的一种以边际消费倾向为基础，说明投资和收入之间存在倍数关系的理论。乘数论就是凯恩斯主义在国际收支领域的延伸，它分析的是在汇率和价格不变的条件下收入变动在国际收支调整中的作用。其基本内容是：投资变动给国民收入总量带来的影响，要比投资本身变动更大，这种变动往往是投资变动的倍数。由于各经济部门是相互关联的，所以某一部门的一笔投资不仅会增加本部门的收入，而且会在国民经济各部门中引起连锁反应，从而增加其他部门的投资和收入，最终使国民收入成倍地增长。

例如，若投资增加为 ΔI，则这笔投资（ΔI）首先成为投资物品生产者的收入；后者根据既定的边际消费倾向将收入的一部分用于增加消费 $\Delta I * \dfrac{\Delta C}{\Delta Y}$，使这部分消费开支成为某些消费品生产者的收入；而这些消费品生产者又按照既定的边际消费倾向将收入中的一部分用于增加消费 $\Delta I * \left(\dfrac{\Delta C}{\Delta Y}\right)^2$，又使这些消费开支成为另一些消费品生产者的收入。照此类推下去，则最终引起的总收入的增加额，可达到最初投资增加额的数倍，其倍数（或乘数）的大小将视边际消费倾向 $\dfrac{\Delta C}{\Delta Y}$ 的大小为转移。可用数学公式表述如下：

设 K 代表乘数，则

$$K\Delta I = \Delta I + \Delta I * \frac{\Delta C}{\Delta Y} + \Delta I * \left(\frac{\Delta C}{\Delta Y}\right)^2 + \ldots + \Delta I * \left(\frac{\Delta C}{\Delta Y}\right)^n$$

$$K = I + \frac{\Delta C}{\Delta Y} + \left(\frac{\Delta C}{\Delta Y}\right)^2 + \ldots + \left(\frac{\Delta C}{\Delta Y}\right)^n = \frac{I}{I - \dfrac{\Delta C}{\Delta Y}}$$

只要边际消费倾向一定，便可知任何投资将最终引起收入增加的倍数 K。例如，若 $\dfrac{\Delta C}{\Delta Y}$ 为 $\dfrac{2}{3}$，则 K 便是 3；若 $\dfrac{\Delta C}{\Delta Y}$ 为 $\dfrac{3}{4}$，则 K 便是 4。

式中 ΔC 是消费增大，乘数的大小直接取决于边际消费倾向数值的大小。边际消费倾向的数值越大，乘数数值也越大；反之，乘数数值就越小。它说明一次投资的变动会对需求、就业、收入产生连锁效应。

二、乘数论与加速原理的相互作用关系

"加速原理"与"乘数论"所要说明的问题各不相同。"乘数论"是要说明投资的轻微变动何以会导致收入发生巨大的变动，而"加速原理"则要说明收入的轻微变动何以也会导致投资发生巨大变动。但二者所说明的经济运动又是相互影响、相互补充的。宏观经济学正是利用所谓"加速数"和"乘数"的相互作用，来"解释"经济的周期性波动。

据说，在经济危机的条件下，生产和销售量下降，加速原理的作用会使得投资急剧下降，而乘数的作用又使得生产和销售进一步急剧降减，后者再通过加速原理的作用会使得投资成为负数（或负投资）。加速数和乘数的相互作用，加剧了生产萎缩的累积过程。一旦当企业的资本设备逐渐被调整到与最低限度的收入相适应的水平，加速原理的作用会使负投资停止下来，投资状况的稍许改善也会导致收入重新增长，于是一次新的周期便重新开始。收入的重新增长，又通过加速数的作用，导致新的"引致投资"；后者又通过乘数的作用，促使收入进一步急剧增长，这便开展了经济扩张的累积过程。这个累积过程会把国民经济推到"充分就业"的最高限，并从那里弹回来而转入衰退。宏观经济学把经济的周期性波动，完全归咎于收入和投资二者之间"加速数"和"乘数"相互作用的结果。尽管所谓"乘数"效应或"加速数"效应是社会化生产的再生产过程中存在的一些客观机制，会在一定程度上影响着资本主义经济波动的进程，但资本主义周期性经济波动的根源在于资本主义制度本身，在于资本主义所固有的基本矛盾——社会化生产和私人资本主义占有的矛盾。

三、运用乘数理论实现国民收入增加的途径研究

1. 通过增大乘数实现国民收入的增加

从短期来看，我们可以通过增大乘数来实现国民收入增加，也就是增大边际消费倾向，减小边际储蓄倾向。我国储蓄额持续增加，消费潜力巨大。刺激消费途径很多，如：降低银行存款利率，征收利息所得税；进行住房货币化改造；适当调整教育收费；大力发展旅游业，搞好假日经济；提高最低生活保障水平，增加对下岗职工及离退休人员的补贴；适当降低普通商品消费税，同时征收特种商品消费税；征收遗产税；适当提高生活必需品价格，降低非必需品价格；开展消费信贷业务等。

2. 通过增加投资额实现国民收入的增加

从长期看，边际消费倾向处于稳定状态，则乘数一定，所以就需要增加投资来提高国民收入。首先，政府支出仍作为投资的一个重要来源，具有引导投资方向、优化投资结构的重要作用。近几年政府实行了积极的财政政策，加大政府投资的力度，从而带动了更多的民间投资，刺激了经济的发展，拉动了经济增长，出现了投资乘数效应。因此，应

继续在投资方向上发挥政府的引导作用，退出竞争性投资领域，发展基础性投资。其次，积极引进外资是我国改革开放以来扩大投资的一个主要来源。实践证明，引进外资在我国国民经济的发展、对外贸易的扩大方面占有不可替代的地位。最后，就是营造民间投资环境，刺激民间投资，充分利用国内民间资本，在促进国民经济发展方面发挥积极作用。

3. 通过扩大出口实现国民收入的增加

从长期看，增加国民收入的另一个途径就是扩大出口。增加净出口额。中国加入 WTO，面临着前所未有的机遇与挑战，必须抓住机遇，与国际经济机制接轨，改善出口产品结构，增加高附加值产品出口比重，改善贸易条件，通过对外贸易带动国民经济高速健康地发展，增加国民收入。

项目八

失业与通货膨胀

任务一　如何衡量失业

能力目标

- 学会计算失业率
- 能够分析现实生活中的失业的成因
- 掌握控制失业的对策

知识目标

- 熟悉失业的界定与类型
- 掌握失业的成因与影响

任务引入

在下面 13 种情况中，请判断哪些情况是失业，哪些情况不是失业。如果是失业的话，分别属于什么形式的失业？产生失业的原因分别是什么，应该如何控制？

1. 一个 30 岁智障的人待在家中；

2. 一个 12 岁中学毕业整天待在家中；

3. 小王从报社辞职去旅游；

4. 大学生毕业，宁愿等待也不愿到与自己期望差距较大的部门、单

8010 位、地域工作；

5. 企业破产，劳动者被解聘，被迫寻找新的工作；

6. 小夏不满足于现在的工资状况而辞职，正在寻找工作；

7. 人们搬到一个新城市后需要寻找工作；

8. 妇女在生完孩子后可能需要重新寻找工作；

9. 农民冬季农闲在家中；

10. 50 岁的老张因不会用计算机报账而不能再做会计；

11. 初级工不适应我国制造业的升级和扩张而丢了工作；

12. 由于社会需求不足，前景暗淡，各厂商压缩生产，大量裁减雇员，工人失去了工作；

13. 由于工资刚性，使一部分工人无法受雇。

任务分析

失业是市场经济国家普遍面临的难题。而我国近年的失业问题也日益严重，虽然每年保持较高的经济增长率，城镇下岗职工、登记失业人口以及农村剩余劳动力的规模却不能有效地减少。要想对失业进行界定，就必须探讨失业的定义、类型及其产生的原因。关注对失业的分析对解决中国当前失业问题有重要的意义。

相关知识

一、失业的概念

1. 失业的含义

失业是指符合法定工作条件、有工作愿望的人，愿意接受现行工资且正在寻找工作但还没有找到工作的经济现象。符合法定工作条件、有工作愿望、愿意接受现行工资且正在寻找工作但还没有找到工作的人，就是失业者。

把握失业的含义，必须注意两点：

（1）符合法定工作条件。失业者是相对于具有某种工作条件来说的人，比如达到法定的劳动年龄、具有劳动能力和劳动技能等。如果一个人没有工作过程中所需要的工作能力，没有劳动技能，虽然没有工作，也不属于失业者。

（2）有工作的愿望且接受现行的工资。对于有工作愿望且接受现行工资水平的人来说，尽管积极寻找工作但仍然没有找到工作，就属于失业者。如果没有工作的愿望，或虽然有工作愿望但不接受现行的工资水平而没有工作的人，不属于失业者。

但是，有工作能力而没有工作，毕竟是一种劳动力的闲置。为了把这种劳动力的闲置与失业区别开，西方经济学把符合工作条件但不按现行工资寻找工作的人叫做自愿失业者，而把有工作愿望且接受现行工资水平、正在积极寻找工作但仍然没有找到工作的失业者叫做非自愿失业者。

2. 失业的界定

失业的界定，可以依据下列程序进行。

（1）确定劳动年龄人口。世界上大多数国家规定，把 16～65 周岁的人口确定为劳动年龄人口。我国则规定男 16～60 周岁，女 16～55 周岁为劳动年龄人口。

（2）确定不在劳动力人口。不在劳动力人口是指有劳动能力而不愿意劳动的人口。

（3）确定劳动力人口。劳动年龄人口减去不在劳动力人口，就是劳动力人口。

（4）失业人口。劳动力人口减去就业人口，就是失业人口，如图 8-1 和图 8-2 所示。

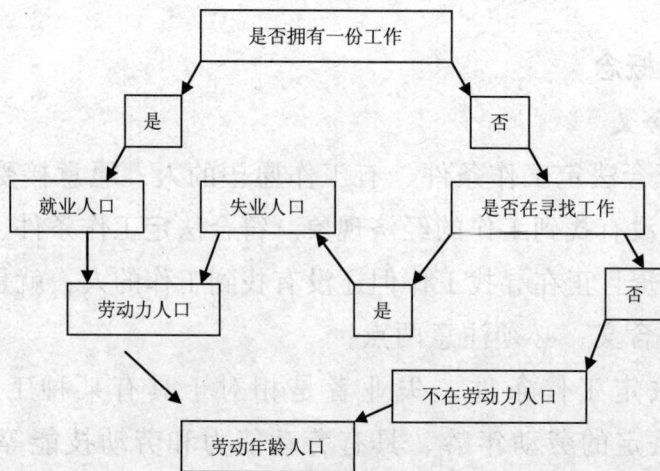

图 8-1　失业人口的确定

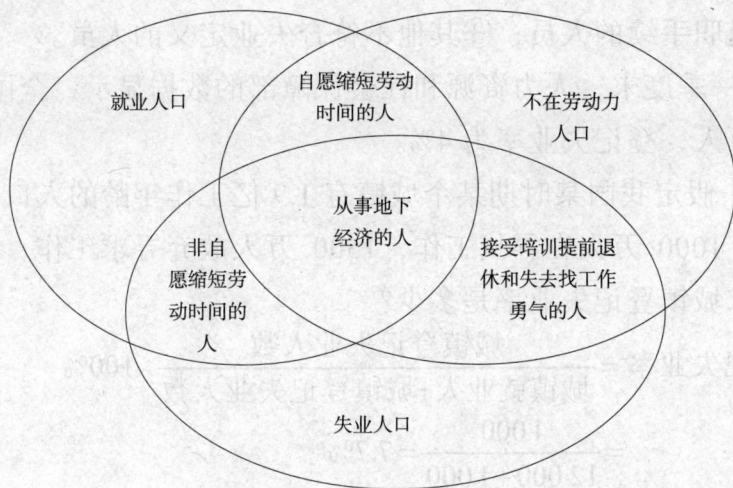

图 8-2　失业、就业与不在劳动力人口关系

3．自然失业率与充分就业

（1）基本概念

失业率随着就业量的提高而下降，但失业率从来不会降到零。在社会经济发展正常的条件下，仍然存在着失业，此时的失业率叫做自然失业率，与自然失业率相对应的就业量叫做潜在就业量。如果存在的失业率是自然失业率，那么就业量就是潜在就业量。只存在自然失业率的就业状况，也就是充分就业。

（2）失业率的计算

失业率是评价一个国家或地区失业状况的主要指标。目前，国际上通用的失业率概念，是指失业人数同从业人数与失业人数之和的比例关系，反映了一定时期内可以参加社会劳动的人数中实际失业人数所占的比重。

我国目前使用的城镇登记失业率概念，是指城镇登记失业人数同城镇从业人数与城镇登记失业人数之和的比例关系，其计算公式为

$$城镇登记失业率 = \frac{城镇登记失业人数}{城镇就业人 + 城镇登记失业人数} \times 100\%$$

其中：城镇就业人数，指在城镇范围内，从事一定社会劳动并取得劳动报酬或经营收入的全部人员。城镇登记失业人员是指有非农业户口，在一定的劳动年龄内，有劳动能力，无业而要求就业，并在当地就业服务机构进行求职登记的人员。但不包括：①正在就读的学生和等待就学的人员；②已经达到国家规定的退休年龄或虽未达到国家规定的退休年龄但已经办理了退休

（含离休）、退职手续的人员；③其他不符合失业定义的人员。

2008 年一季度末，人力资源和社会保障部的数据显示，全国城镇登记失业人员 825 万人，登记失业率为 4%。

【例 8-1】假定我国某时期某个城镇有 1.9 亿工作年龄的人口，其中有 1.2 亿人有工作，1000 万人在寻找工作，1500 万人放弃寻求工作，4500 万人不要工作，试求城镇登记失业率是多少？

$$城镇登记失业率 = \frac{城镇登记失业人数}{城镇就业人+城镇登记失业人数} \times 100\%$$

$$= \frac{1\,000}{12\,000 + 1\,000} = 7.7\%$$

二、自然失业的类型

自然失业是指由于经济中某些难以避免的原因而引起的失业。在任何国家中，这种失业都是不同程度存在的。它可以分为周期性失业、摩擦性失业、结构性失业和古典失业，见表 8-1。

表 8-1　自然失业的类型

条　件	类　型	
经济周期中的衰退或萧条时期因总需求下降	周期性失业	
由于经济中正常的劳动力流动	摩擦性失业	求职性失业
		失职性失业
		寻职性失业
劳动的供给结构与劳动的需求结构不一致	结构性失业	技能性失业
		技术性失业
		季节性失业
工资刚性	古典失业	

1. 周期性失业

周期性失业（cyclical unemployment）是指经济周期中的衰退或萧条时期因总需求下降而造成的失业。经济增长具有周期性，当经济增长处于高涨阶段时，就业量增加，失业量减少；经济增长处于下降阶段时，就业量减少而失业量增加。按照凯恩斯的说法，当实际的总需求小于充分就业的总需求时，消费疲软，市场不旺，造成企业投资减少从而减少雇佣人员而形成周期性失业。通货紧缩时期的失业也可看作是周期性失业。

2. 摩擦性失业

摩擦性失业(frictional unemployment)是由于经济中正常的劳动力流动而

引起的失业。在一个动态经济中，各行业、各部门与各地区拉动需求的变动是经常发生的，这种变动必然导致劳动力的流动，在劳动力的流动中总有部分工人处于失业状态，这就形成了摩擦性失业。经济中的劳动力流动是正常的，所以这种失业的存在也是正常的。一般还把新加入劳动力队伍正在寻找工作而造成的失业，也归入摩擦性失业的范围之内。

摩擦性失业有以下几种类型：

（1）求职性失业。劳动者不满意现有工作、为追求更理想的工作而不断转换工作所造成的失业。由于青年人不满意现状，渴望找到能够实现自己理想的工作，因此，求职性失业一般在年轻人身上居多。

（2）失职性失业。与前一种不同，劳动者被解聘，被迫寻找新的工作所造成的失业。

（3）寻职性失业。新加入劳动力队伍，暂时没有找到工作，而正在寻找工作所造成的失业。

3. 结构性失业

结构性失业(structural unemployment)是指由劳动的供给结构与劳动的需求结构不一致而导致的失业。劳动的需求结构是由包括产业结构、产品结构在内的经济结构决定的，劳动的供给结构是由人口总量和人口结构决定的，教育也是影响劳动的供给结构的重要变量。当经济结构变化时，比如有些部门或产业迅速发展，一些地区正在开发，同时，某些部门或产业正在衰落，这就使得对劳动的需求发生了变化。当劳动力因技术、性别、心理等原因而不能适应劳动需求的变化时，就会出现工作岗位与劳动人口的非均衡，从而形成结构性失业。在结构性失业出现后，劳动的供给结构必须根据产业结构和产品结构去调整。在这种调整中，年长者调整的速度低于年轻者，因为年长者接受新知识的主动性及经济行为的灵活性低于年轻者。所以，结构性失业人口中，年长者高于年轻者。存在结构性失业的经济中，一方面有失业者，另一方面又有职位空缺，但失业者因种种原因又不能填补现有的职位空缺。

结构性失业有以下几种类型。

（1）技能性失业。劳动力技能不适合经济结构、地区和性别结构的变动而引起失业。这种失业一般会集中体现在某一个结构变动的时期。

（2）技术性失业。技术进步所产生的机器排挤工人所造成的失业。技术水平不断提高是社会经济发展的必然趋势，当技术水平提高后，先进的设备会代替一部分工人的劳动，同量的生产就用不了太多的工人，企业这时就会解雇工人，从而造成失业，即技术性失业。属于技术性失业的人大都不能适应现代化技术要求。

（3）季节性失业。某一行业随着季节（包括自然季节、生产或销售季节）的变换而造成的失业。有些行业的生产与服务会随着季节的变化而变化，对劳动的需求也随着季节的变化而变化，生产和销售旺季所需的人手多，生产和销售淡季所需的人手少，因而出现季节性失业。季节性失业是在生产或销售处于淡季时而出现的失业。建筑业、农业、旅游业等行业，季节性失业最明显。

4. 古典失业

古典失业是指工资刚性引起的失业，即工人要求较高的工资而使资本家解雇工人所产生的失业。由于工会的存在与最低工资法的规定，市场就难以调节劳动的供求，故而就不能形成市场化的均衡工资，形成的是工资只能升不能降的工资刚性。当资本家不愿意增加工资总量时，随着单个劳动工资的增加就解雇一部分工人，从而造成失业。这种失业最早由古典经济学家提出，故称为古典失业。

三、失业产生的原因

1. 人口迅速膨胀，提供了巨大的失业源

2005 年 11 月 1 日零时，全国 31 个省、自治区、直辖市和现役军人的总人口为 130 628 万人。根据国家人口计划生育委员会发布的《国家人口发展战略研究报告》，到 2010 年中国人口总量控制在 13.6 亿人。2033 年达到峰值 15 亿左右。而据中国社科院和国家信息中心预测显示，"十一五"期间每年城镇新增劳动力在 500 万到 550 万之间。如果农村每年的城市化水平提高 1%，就要转移 1 000 万劳动力，加上往年失业的人口，"十一五"期间可能有四、五千万劳动力需要就业。供求之间存在较大的差距。人口问题给当今的就业带来巨大的压力，这过于膨胀的人口需要一个世纪进行消化，这是当今制约改革进一步深化、失业现象不断恶化的一个基本原因。

2. 经济运行机制的改革与完善，使失业成为必然

随着改革的不断深入，市场经济的逐步建立和经济运行方式的转变，推行现代企业制度，按照"产权明晰，权责明确，政企分开，科学管理"的要求，对企业进行改造，使企业成为适应市场的法人实体和竞争主体，以提高经济效益。而这些改革，必然使原来企业中富余人员暴露出来，失业成为不可避免。

3. 经济结构的调整，是失业产生的助推器

在计划经济中产生的企业，更多考虑的是就业人员的安置，很少考虑生产效率，更不考虑产品的合理性。经济行为缺乏市场调控，结果整个社会的产品结构严重失衡，造成严重的资源浪费。企业亏损极为严重，国家只有通过救济维持企业的生存，包袱越背越重，给国家的财政带来沉重的负担。国家没有资金积累，又限制了投资，影响了就业，整个经济运行陷入了一个恶性循环的怪圈。为了根本解决这一现状，唯有通过转产、破产、兼并等经济行为，优化产品结构,才能使企业摆脱困境，而企业的转产、破产、兼并必然造成大量人员的下岗失业。

4. 农村剩余劳动进城，给失业火上加油

据统计，我国 4.2 亿的农村劳动力中，约有 1.2 亿剩余劳动力，常年在外流动的民工就达 6 000 万人。他们占据了城镇中许多就业岗位，给下岗失业人员的再就业带来严峻的挑战。即使在"十五"期间经济年均增速 8.8%，所产生新的就业岗位也不足以消化涌入城镇的民工。企业下岗人员或失业人员的安排将难上加难。

5. 经济增长方式的转变，必然以下岗失业为代价

粗放型的经济增长方式向集约型的经济增长方式的转变，主要依靠提高经济效益为中心，合理配置生产要素，优化产业结构，提高质量，降低消耗，提高产品附加值，提高资源利用率发展经济，而科学的投入，生产效率的提高，必然会使原来就富余的劳动力暴露出来，进一步恶化了就业市场。

6. 经济周期性波动所带来的失业

我国经济的发展也是有周期性的，基本上划分为收缩、低谷、回升、高涨四个阶段。在收缩、低谷阶段，国民经济相对萧条，企业投资需求和居民消费需求均有下降，导致劳动力需求减少，失业增加。而在回升、高涨阶

163

段，国民经济快速增长，企业投资扩大，居民消费增加，从而对劳动力的需求增加，失业减少。我国城镇失业率的高低与经济的周期波动存在着密切的关系。虽然我国官方公布的失业率数字不包括农村隐性失业，但已从一定程度上反映我国城镇的失业状况。

7. 择业观念上的问题

青年中出现的大学本科以上学历人才的失业并不是就业机会不够造成的，而是他们的素质结构、操作技能不适应市场需求，在择业上存在观念认识上的问题等原因造成的。

四、失业的影响

1. 失业的经济影响

（1）失业对家庭的影响。失业增加使失业者的家庭收入和消费受到消极影响。失业后，家庭收入急剧下降，消费支出也随之下降。

（2）对厂商的影响。失业增加后，厂商产品的销售市场萎缩，有效需求下降。于是产出降低，生产能力闲置，利润率开始下降。厂商面临如此境况，就减少投资需求，减少新生产能力的形成。

（3）对国民经济的影响。失业增加后，由于家庭消费减少和厂商投资下降，使整个国民经济的增长受到抑制。

2. 失业的社会影响

失业会导致个人的尊严受损，会导致家庭关系紧张，会导致生活水平下降和疾病增多，失业还会导致犯罪增多和社会秩序的混乱。

五、失业治理对策

1. 凯恩斯的失业治理对策

（1）在经济萧条时期，社会存在失业，政府就要通过扩张性的财政政策来刺激总需求，以实现充分就业。扩张性的财政政策包括增加政府支出与减税。政府工程支出与购买的增加有利于刺激私人投资；转移支付的增加可以增加个人消费，这样就会刺激总需求；减少个人所得税可以使个人可支配的收入增加，从而消费增加；减少公司所得税可以使公司收入增加，从而增加投资，这样也会刺激总需求。

（2）在经济萧条时期，政府还要通过扩张性的货币政策来刺激总需求，以实现充分就业，包括各类货币政策工具的运用。

降低法定准备金率，以便商业银行能够在活期存款额不变的条件下扩大放款，增加货币供应量，降低利息率，增加总需求。降低再贴现率，促进商业银行向中央银行借款，从而扩大放款，增加货币供应量，降低利息率，增加总需求。买进政府债券，增加商业银行的存款，从而扩大放款，增加货币供应量，降低利息率，增加总需求。见表 8-2 所示。

表 8-2　凯恩斯的失业治理对策

失业增多	对策	具体手段	目标
经济萧条时期	扩张性的财政政策	政府支出增加；转移支付增加；减税	实现充分就业
	扩张性的货币政策	降低法定准备金率；降低再贴现率；买进政府债券	

2. 我国治理失业的对策

（1）大力发展乡镇企业，安置农村富余人员，加快农村城市化进程，减少农村劳动力向城市的流动。乡镇企业可以吸收大量的农村劳动力，因此，必须帮助乡镇企业提高产品的技术含量，加大商品的市场竞争力，从而使乡镇企业得到健康的发展。发展以运输、建筑、商业、加工业为主的乡镇企业是消化农村剩余劳动力的有效手段。

（2）建立和完善社会保障制度。社会保障制度就是指依据一定的法律和规定，为保证社会成员的基本生活权利而提供的救助和补贴。建立完善的社会保障制度是解决失业问题的关键。因为它解决了下岗失业者的基本生活来源，稳定了社会治安，这是最最重要的。它可转变人们择业的观念，促使相当一部分劳动力流向集体、私营企业，使就业结构趋于合理化。它能为下岗、失业者提供就业服务，创造再就业条件，促使再就业的实现。

（3）建立一系列培训机制，减少结构性失业。加强职业技能开发，完善以劳动市场需求为导向，以促进就业和提高经济为目的，以职业分类和职业技能标准为依据，以职业技能培训和职业技能鉴定为支柱的职业培训体系。逐步建立多方位多领域广覆盖的职业技能培训网络，提高就业人员职业培训的比例。使转岗、转业人员能迅速得到相应的培训。

（4）保持较高的经济增长，创造更多的就业机会。经济增长率与失业率之间存在反比关系，经济增长率的提高，会带来就业机会的增多。同时较高的经济增长，还有利于设施、设备、资源的合理利用，促使经济成分的优化组合，所以，保持较高的经济增长，是解决失业问题的有效手段。但也应注意到，过高的经济增长速度，可能会诱发通货膨胀及资源浪费。高增长、低通货膨胀是改革的重点也是难点。

总之，就业与再就业工程的落实已成为当务之急，这需要决策者的胆略与计谋，也需要全社会注入爱心，更需要人们观念的更新。只有这样，这个工程才能做得更好，才能使改革朝着健康的方向迈进。

➤ 任务实施

一、判断是否属于失业

根据失业的概念来判断，智障的人和 12 岁中学生都不符合法定工作条件，小王从报社辞职去旅游是属于没有工作愿望的人，所以这前 3 种情况均不属于失业。而另外 10 种情况均属失业。

二、判断属于什么形式的失业

根据失业的不同类型及其含义我们可以做出如下判断。

（1）大学生小张毕业，宁愿等待也不愿到与自己期望差距较大的部门、单位、地域工作，属于摩擦性失业中的寻职性失业；

（2）企业破产，劳动者被解聘，被迫寻找新的工作，属于摩擦性失业中的失职性失业；

（3）小夏不满足现在的工资状况而辞职，正在寻找工作，属于摩擦性失业中的求职性失业；

（4）人们搬到一个新城市后需要寻找工作，属于摩擦性失业中的求职性失业；

（5）妇女在生完孩子后可能需要重新寻找工作，属于摩擦性失业中的求职性失业；

（6）农民冬季农闲在家中属于结构性失业中的季节性失业；

（7）50 岁的老张因不会电脑报账而不能再做会计属于结构性失业中的技术性失业；

（8）初级工不适应我国制造业的升级和扩张，属于结构性失业中的技能性失业；

（9）由于社会需求不足，前景暗淡，各厂商又纷纷压缩生产，大量裁减雇员，工人失去了工作，属于周期性失业；

（10）由于工资刚性，使一部分工人无法受雇，属于古典失业。

三、它们的成因分别是什么，如何控制？

失业的原因及控制的办法见本项目的相关知识部分。

思考题

一、选择题

1. 破产企业，劳动者被解聘属于（　　　）。

  A. 周期性失业　　　　　　B. 摩擦性失业

  C. 结构性失业　　　　　　D. 古典失业

2. 凯恩斯的失业治理对策中不包括（　　　）。

  A. 政府支出增加　　　　　B. 降低法定准备金率

  C. 买进政府债券　　　　　D. 增加税

二、思考题

1. 什么是失业？失业如何衡量？

2. 失业的对策有哪些？

三、计算题

某个国家的总人口数为 3 000 万人，就业者为 1 500 万人，失业者为 500 万人，则该国的失业率为多少？

知识链接

奥肯定律（Okun's Law）

奥肯法则是美国经济学家阿瑟·奥肯（1929 ~ 1979，见图 8-3）提出来的失业率上升与经济增长率下降相互关系的原理。其内容为：如果年国民生产总值增长率为 3%，失业率就可保持不变。年增长率每年增加 2%，失业率便下降 1%。年增长率在 3% 以下，每下降 2%，失业率便上升 1%。

奥肯法则指出，实际 *GDP* 相对潜在 *GDP* 每下降 2%，失业率就上升 1%。反之，实际 *GDP* 增加 2%，失业率就下降 1%。比如，假定某一时期的 *GDP* 等于

图 8-3 阿瑟·奥肯

潜在 GDP，失业率为 4%，当 GDP 下降 4% 时，使现期的 GDP 为潜在 GDP 的 96%，那么失业率就会上升 2%，即由原来的 4% 上升为 6%。

奥肯法则揭示了失业与经济增长之间的内在关系，失业的变动引起经济增长的变动，同样，经济增长的变动也引起失业的相应变动。从失业增加引起经济增长减少的角度看，奥肯法则其实说明了失业对经济带来的损失。

任务二　如何衡量通货膨胀

能力目标
- 能够分析现实生活中是否存在通货膨胀，以及通货膨胀的影响

知识目标
- 掌握通货膨胀的含义和衡量
- 了解通货膨胀的类型
- 熟悉通货膨胀的成因
- 掌握通货膨胀的对策

🔓 **任务引入**

表 8-3　居民消费价格指数变化

时间	居民消费价格指数当期值(%)	时间	居民消费价格指数当期值(%)
2010 年 4 月	102.80	2008 年 12 月	101.20
2010 年 3 月	102.40	2008 年 11 月	102.40
2010 年 2 月	102.70	2008 年 10 月	104.00
2010 年 1 月	101.50	2008 年 9 月	104.6
2009 年 12 月	101.90	2008 年 8 月	104.90
2009 年 11 月	100.60	2008 年 7 月	106.30
2009 年 10 月	99.50	2008 年 6 月	107.10
2009 年 9 月	99.20	2008 年 5 月	107.7
2009 年 8 月	98.80	2008 年 4 月	108.5
2009 年 7 月	98.20	2008 年 3 月	108.3
2009 年 6 月	98.30	2008 年 2 月	108.7
2009 年 5 月	98.60	2008 年 1 月	107.1
2009 年 4 月	98.50	2007 年 12 月	106.5
2009 年 3 月	98.80	2007 年 11 月	106.9
2009 年 2 月	98.40	2007 年 10 月	106.5
2009 年 1 月	101.00	2007 年 9 月	106.2
		2007 年 8 月	106.5

自 2007 年 8 月起，居民价格指数涨幅已经连续 12 个月超过 6%（见表 8-3）。2008 年涨幅又有所升高，2008 年 2 月份居民消费价格指数（CPI）增长 8.7%，创出新高。当时有人说我们现在处于通货膨胀时期，这种说法对吗？如果通货膨胀真的来了会影响我们的生活吗？

任务分析

CPI 是表示居民购买一篮子消费品和劳务的平均价格变化指数，一般用来衡量通货膨胀是否出现，以及程度如何。该案例的实质是引导大家认识什么是通货膨胀、如何判定通货膨胀、通货膨胀的类型、成因和通货膨胀对我们的影响等问题。对这些问题有一个正确的理解和认识将有助于我们有效地去研究应对通货膨胀的措施。

相关知识

一、通货膨胀的含义和衡量

1. 通货膨胀的含义

通货膨胀是一种货币现象，指货币发行量超过流通中实际所需要的货币量而引起的货币贬值现象。通货膨胀与物价上涨是不同的经济范畴，但两者又有一定的联系，通货膨胀最为直接的结果就是物价上涨。

2. 通货膨胀率的含义

（1）通货膨胀率的含义

通货膨胀率是货币超发部分与实际需要的货币量之比，用以反映通货膨胀、货币贬值的程度；而价格指数则是反映价格变动趋势和程度的相对数。

经济学上，通货膨胀率为物价平均水平的上升幅度（以通货膨胀为准）。以气球来类比，若其体积大小为物价水平，则通货膨胀率为气球膨胀速度。或说，通货膨胀率为货币购买力的下降速度。

（2）通货膨胀率计算公式

$$通货膨胀率 = \frac{现期物价水平 - 基期物价水平}{基期物价水平}$$

其中基期就是选定某年的物价水平作为一个参照，这样就可以把其他各期的物价水平通过与基期水平作一对比，从而衡量现今的通货膨胀水平。

3. 通货膨胀率的衡量

在实际中，一般不直接、也不可能计算通货膨胀，而是通过价格指数的增长率来间接表示。世界各国基本上均用消费者价格指数（我国称居民消费价格指数）、生产者价格指数（Producer Price Index，简称 PPI）和国内生产总值指数（GDP Deflator），见图 8-4 所示。

（1）居民消费价格指数（Consumer Price Index，CPI），CPI 是反映与居民生活有关的产品及劳务价格统计出来的物价变动指标，通常作为观察通货膨胀水平的重要指标。由于消费者价格是反映商品经过流通各环节形成的最终价格，它最全面地反映了商品流通对货币的需要量，因此，它是最常用的，消费者价格指数是最能充分、全面反映通货膨胀率的价格指数。

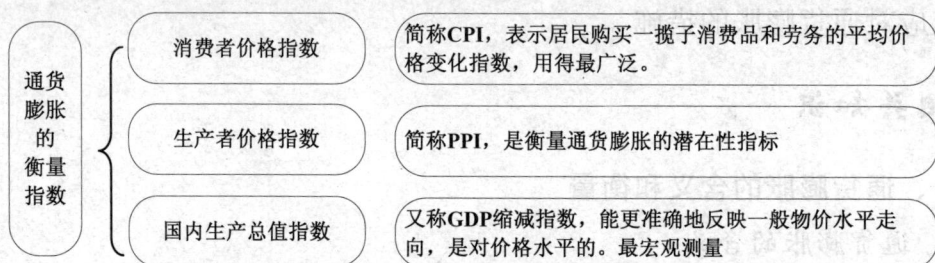

通货膨胀的衡量指数	消费者价格指数	简称CPI，表示居民购买一揽子消费品和劳务的平均价格变化指数，用得最广泛。
	生产者价格指数	简称PPI，是衡量通货膨胀的潜在性指标
	国内生产总值指数	又称GDP缩减指数，能更准确地反映一般物价水平走向，是对价格水平的。最宏观测量

图 8-4 通货膨胀的衡量指数

居民消费价格指数可按城乡分别编制城市居民消费价格指数和农村居民消费价格指数，也可按全社会编制全国居民消费价格总指数。消费者物价指数追踪一定时期的生活成本以计算通货膨胀。如果消费者物价指数升幅过大，表明通货膨胀已经成为经济不稳定因素，央行会有紧缩货币政策和财政政策的风险，从而造成经济前景不明朗。因此，该指数过高的升幅往往不被市场欢迎。

消费者物价指数涵括生活必需品如食物、新旧汽车、汽油、房屋、大学学费、公用设备、衣服以及医疗的价格。此外，消费者物价指数亦混合一些生活享受的成本，例如体育活动的门票以及高级餐厅晚餐。

例如在过去 12 个月，消费者物价指数上升 2.3%，那表示，生活成本比 12 个月前平均上升 2.3%。当生活成本提高，你的金钱价值便随之下降。那么，一年前收到的一张$100 纸币，今日只可以买到价值$97.70 的货品及服务。

（2）PPI 也称生产者物价指数，是指商品生产的成本（生产原材料价格的变化），对未来商品价格的变化，从而影响了今后消费价格、消费心理的改变，是价格统计指数体系的重要组成部分。生产者价格指数的上涨反映了生产者价格的提高，相应地生产者的生产成本增加，生产成本的增加必然转嫁到消费者身上，导致 CPI 的上涨。生产者价格指数（PPI）是衡量通货膨胀的潜在性指标。

（3）GDP Deflator 又称 GDP 缩减指数，是指没有剔除物价变动前的 GDP(现价 GDP)增长率与剔除了物价变动后的 GDP 即不变价 GDP（constant-price GDP）或实质 GDP 增长率之差。该指数也用来计算 GDP 的组成部分，如个人消费开支。它的计算基础比 CPI 更广泛，涉及全部商品和服务，除消费外，还包括生产资料和资本、进出口商品和劳务等。因此，这一指数能够更加准确地反映一般物价水平走向，是对价格水平最宏观测量。

经济专家们之所以关注 GDP 平减指数，还因为与投资相关的价格水平在这一指标中具有更高的权重。例如，我国 2004 年 GDP 平减指数上涨 6.9%，高出 CPI 涨幅 3 个百分点，说明投资价格的上涨远远高于消费价格的上涨。

二、通货膨胀的类型

通货膨胀像一种疾病，有不同程度，因而将它们划分为温和的、急剧的和恶性的三种类型。这三种类型的通货膨胀并不存在十分明确的界限，但它们却有着质的区别，见表 8-4 所示。

表 8-4 通货膨胀的类型

类型	每月通货膨胀率标准	特点
温和的通货膨胀	小于 10%	通货膨胀率低，而且比较稳定
急剧的通货膨胀	大于 10%且小于 50%	通货膨胀率较高，而且还在加剧
恶性的通货膨胀	大于 50%	通货膨胀率非常高，而且完全失去了控制

1. 温和的通货膨胀

温和的通货膨胀出现在价格缓慢上升的时期，可以将它划归为一位数的通货膨胀，即年通货膨胀率低于 10%。大多数工业化国家的通货膨胀属于这种类型，如 20 世纪 60 年代的美国、德国等。在温和而稳定的通货膨胀条件下，由于相对价格变化不明显，实际利率不会太低，人们对通货膨胀的预期比较稳定，因而人们不会抢购商品，并愿意用名义货币来订立契约，社会的效率损失是有限的。

2. 急剧的通货膨胀

急剧的通货膨胀指年通货膨胀率为两位数以上的时期，即价格指数年上升率高于10%。如20世纪70年代的美国、法国、英国、意大利发生了两位数的通货膨胀，80年代的以色列及许多拉美国家都出现了100%以上的通货膨胀率。

一旦发生了急剧的通货膨胀，便会出现严重的经济扭曲现象。大多数契约按照价格指数或采用一种外国货币作为指数来订立和进行调整；金融市场消失了，资金依靠定量分配，而不是靠利率杠杆来配置；人们囤积商品，购买房屋以便保值。

3. 恶性的通货膨胀

恶性的通货膨胀指年通货膨胀率接近或者大于三位数的通货膨胀。恶性的通货膨胀对经济和社会产生极大的破坏作用。恶性通货膨胀被看作通货膨胀的癌症。

三、通货膨胀的形成原因

形成通货膨胀的原因是多方面的。宏观经济主体及其行为、微观经济主体及其行为，都会从货币供给量、需求、供给、经济结构等方面促成通货膨胀。

1. 货币供给的增加形成通货膨胀

把通货膨胀与货币供给联系起来的经济理论是以货币数量论为理论依据的。货币数量论用交易方程作为分析工具，提出了商品价格决定于货币供给量的理论。

货币数量论者提出的交易方程是

$$MV=PY$$

式中的 M、V、P、Y 分别表示货币的供给量、货币的流通速度、商品价格水平和实际国民收入。等式的左边，是经济中的总支出；等式的右边，是名义收入。货币数量论认为，在这个等式中，货币流通速度 V 和实际国民收入 Y 在短期内都是常数，因此，物价水平 P 就随着货币供给量的变动而变动。当货币供给量增加时，物价水平就上升，形成通货膨胀。

货币数量论中的传统货币数量论和现代货币数量论在通货膨胀的原因

上，具有相同的观点，但是，它们也有一个值得注意的区别，即传统货币数量论认为货币供给量的变动只是影响物价的变动，而现代货币数量论则认为货币供给量的变动会影响总产量或国民收入的变动。

2. 需求拉动的通货膨胀

需求拉动的通货膨胀也叫作超额需求通货膨胀，是指因总需求增加而引起的一般价格水平普遍和持续的上涨。

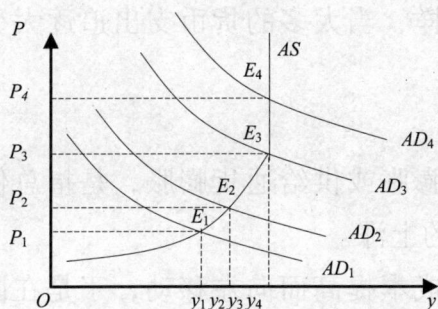

图 8-5　凯恩斯需求拉动的通货膨胀　　　图 8-6　W. 鲍莫尔需求拉动的通货膨胀

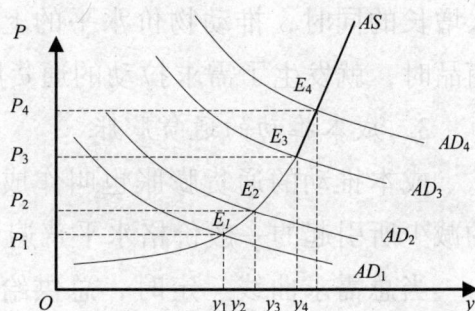

需求拉动的通货膨胀理论有两种。一种是凯恩斯提出的充分就业时的需求拉动的通货膨胀理论，一种是 W. 鲍莫尔提出的非实现充分就业时的需求拉动的通货膨胀理论。凯恩斯认为，当经济中实现了充分就业时，如果实际总需求大于实现了充分就业的总需求，其差额就构成了"通货膨胀缺口"，导致通货膨胀，如上图 8-5 所示。当总需求不断增加、总需求曲线 AD_1 不断右移至 AD_2、AD_3 时，价格水平就相应由 P_1 上升到 P_2、P_3，同时，收入量也由 y_1 不断增加到 y_2、y_3——这一段的价格上涨是"瓶颈式"通货膨胀。当总需求 AD_3 继续增加至 AD_4 时，由于总供给已经达到充分就业水平，即 AS 曲线呈现垂直形状，总需求的增加不会使收入 y_3 再增加，故在总供给或收入不变的情况下，价格由 P_3 上升到 P_4——这一段的价格上涨就是"需求拉动"的通货膨胀。

W. 鲍莫尔认为，不仅在实现了充分就业的条件下会出现通货膨胀，而且在没有实现充分就业的条件下也会出现通货膨胀。未实现充分就业时，总需求增加所引起的通货膨胀率的高低取决于总供给曲线的斜率。总供给曲线的斜率越大，总需求增加所引起的产量就越小，引起的物价上涨的幅度就越大，通货膨胀越严重，如上图 8-6 所示。总供给曲线 AS 一定，总需求不断增加，当从 AD_1 上升到 AD_2 时，国民收入从 y_1 增加到 y_2；当从 AD_2 上升到 AD_3 时，国民收入从 y_2 上升到 y_3；当从 AD_3 上升到 AD_4 时，国民收入从 y_3 增加到 y_4，增加得越来越慢，而价格相应地从 P_1 上升到 P_2、从 P_2 上升到 P_3、从 P_3 上升到 P_4，上升得越来越快。可以看到，当总供给曲线越来越接近潜在产出时，需求增加推动国民收入增长的作用在下降，而推动物价上涨的作用则在上升。总之，当总供给曲线一定时，连续增加总需求，就会在推动国民收入增长的同时，推动物价水平的上涨。这样，当太多的货币支出追逐太少的商品时，就发生了需求拉动的通货膨胀。

3．成本推动的通货膨胀

成本推动的通货膨胀也叫作成本通货膨胀或供给通货膨胀，是指总供给的减少所引起的一般价格水平普遍和持续的上涨。

当总需求曲线一定时，总供给曲线因成本提高而向左移动，于是在国民产出降低的同时，物价却上涨了。如图 8-7 所示。

总需求曲线 AD 一定，当总供给减少即总供给曲线由 AS_1 向左移动到 AS_2 时，国民收入由 y_1 减少到 y_2，价格则由 P_1 上升到 P_2。

成本推动的通货膨胀原因有工资成本增长、利润增长和进口原料成本增加，与此相应，有三种成本推动的通货膨胀的理论。一种是关于工资成本推动通货膨胀的理论，第二种是关于利润推动通货膨胀的理论，第三种是关于原料成本推动通货膨胀的理论。

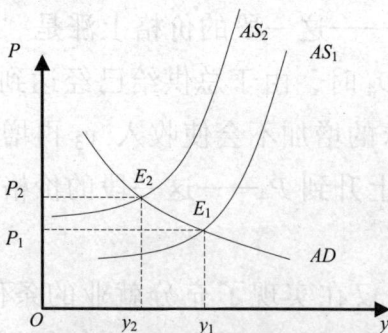

图 8-7　成本推动的通货膨胀

工资成本推动的通货膨胀是指工资的上涨而引起的物价的普遍上涨。关于工资成本推动通货膨胀的理论认为，工会组织对增加工资的要求是引起成本推动的通货膨胀的原因。在工会组织的要求下，劳动市场成为不完全竞争的生产要素市场，企业在许多工会会员失业的情况下，仍然支付高工资。由于工资决定中攀比原则的存在，没有工会的企业也支付高工资，因为工资低无法留住企业所需要的工人。于是，工资成本就会普遍上涨，导致物价普遍上涨，出现通货膨胀。

利润推动的通货膨胀是指具有垄断地位的企业为实现更多的利润而提高价格所引起的一般价格水平的普遍上涨。关于利润推动的通货膨胀的理论认为，垄断企业作为产品供给一方，不是市场价格的接受者，而是价格的操纵者，垄断企业能够操纵价格。操纵价格是一种能够得到高额利润的垄断价格。在操纵价格大量存在的条件下，会引起物价的普遍上涨，引发通货膨胀。

原料成本推动的通货膨胀是指由于进口原料的价格提高而引起的物价的普遍上涨。关于原料成本推动的通货膨胀的理论认为，一国从外国进口的商品，有些作为原料进入本国的生产过程。当这种进口商品的价格上涨后，本国的生产成本就会上升，推动本国物价上涨，引发通货膨胀。例如，进口石油的价格上升，就使以石油为原料的企业的生产经营成本上涨。

4. 结构性通货膨胀

结构性通货膨胀是指经济结构的非均衡状况所引起的一般价格水平普遍和持续的上涨。结构性通货膨胀理论的提出者认为，在没有需求拉动和成本推动的条件下，只是由于经济结构的失衡也可以引发通货膨胀。在现实经济中，有的部门劳动生产率高，有的部门劳动生产率低，有的部门属于先进部门，有的部门属于保守部门。一般说来，工业部门是劳动生产率不断提高的先进部门，而服务业则属于劳动生产率低的保守部门。劳动生产率高的生产部门提高了货币工资后，劳动生产率低的生产部门的货币工资也在"公平"原则下要求提高，否则劳动生产率低的生产部门的工人就感到"不公平"。当劳动生产率低的生产部门的货币工资也提高以后，劳动生产率低的生产部门提供的产品（或服务）的价格也必然提高。这样，整个社会工资增长率高于劳动生产率的增长率，从而引发了一般物价水平持续和普遍的上涨，出现通货膨胀。

四、治理通货膨胀的政策

控制通货膨胀已经成为各国政府的主要政策目标之一。但是，由于引发通货膨胀的因素不相同，反通货膨胀并不存在普遍适用的模式，只可能是相机抉择。

1. 紧缩性的财政与货币政策是对付需求拉动的通货膨胀的传统方法

紧缩性的财政政策主要包括减少政府支出和增加税收，它在对付由实际因素引起的需求拉动通货膨胀方面较为有效。政府支出包括公共消费和公共投资，它们是总需求的组成部分，削减政府支出，等于直接减少总需求。增加个人所得税可以减少家庭的可支配收入，从而降低他们的开支；增加公司所得税，可以减少投资需求和个人消费支出。

紧缩性货币政策被认为是对付由货币因素引起的需求拉动通货膨胀的较好办法。紧缩性货币政策的基本作用在于增大信贷成本和减少信贷可供量，对需求拉动的通货膨胀无疑是一个彻底地打击，尤其是对付投资需求拉动的通货膨胀收效迅速。

需要注意的是，利用紧缩性财政和货币政策抑制通货膨胀，必须确定通货膨胀是起因于需求拉动，并且该国经济已处于充分就业。现实的情况是，需求拉动的通货膨胀有时在实现充分就业前就可能已经出现，这种情况下，如果实行紧缩性政策，特别是紧缩性的货币政策，虽能使通货膨胀率降低，但将以经济停滞和失业为代价，见表8-5所示。

表 8-5　紧缩性的财政与货币政策

传统方法	具体措施	优点	缺点	需要注意的
紧缩财政政策	减少政府支出、增加税收	使通货膨胀率降低	以经济停滞和失业为代价	通货膨胀起因于需求拉动，且该国经济已处于充分就业经济已处于充分就业
紧缩货币政策	提高法定准备率、提高贴现率、卖出政府债券			

2. 收入政策

如果一国的通货膨胀是由成本推动形成，或由成本推动与需求拉动混合而成，则紧缩性政策就显得无力，只能诉诸于直接管制的收入政策。

收入政策的主要内容为控制工资与物价、以避免工会任意要求提高工资，增加生产成本；控制垄断企业哄抬物价；同时政府配合外贸政策，降低关税，以使进口价格降低，从而缓和物价上涨的压力。

3. 指数化

紧缩性政策和收入政策旨在追求物价的稳定，而指数化政策则在于减少物价上涨的影响。指数化是在合约内把支付与物价水平联系起来的一种技术。20 世纪 70 年代，通货膨胀率相对较高的国家，纷纷使用指数化的办法。指数化包括债券指数化、税收指数化和工资指数化。

➡ 任务实施

一、判断什么时候是通货膨胀时期

要想判断现在是否处于通货膨胀时期，我们通常情况下用 CPI 来衡量。CPI 同比增幅 4% 是预警值，所以 2007 年 7 月份居民消费价格指数（CPI）数据，继 6 月的 104.4%，超过 4% 之后，7 月 CPI 同比增幅 5.6%，8 月 CPI 同比增幅 6.5%，9 月 CPI 同比增幅 6.2%，而 CPI 的增大与缩小又主要受近期市场猪肉类商品价格影响较大，所以我们可以说从此时起我们已经处于通货膨胀的边缘了。CPI 值继续走高，2008 年 2 月 CPI 值为 108.7%，同比增幅超过了 8%，达到了 8.7%，说明我们已经是通货膨胀，这对我们的生活是存在破坏性的，所以我们要提高警惕，加大关注力度。

二、通货膨胀的影响

通货膨胀会影响到我们的生活，对我们的危害主要表现在以下方面：

1. 增加经济环境的不确定性，进而对经济发展产生消极的影响

通货膨胀增加了经济环境的不确定性（如价格波动、价格信息的失真），扭曲了资源的配置，进而对经济发展产生消极的影响。另外，更多的资源和时间将用于通货膨胀的预测与对策，用于投机事业，也会浪费资源和扭曲社会资源的配置。

2. 使人们对货币产生不信任，从而在经济活动中放弃使用货币

持续变动、无法预期的通货膨胀必然使人们对货币产生不信任，从而在经济活动中放弃使用货币。如人们大量购买实物资产来减少他们的货币持有量，从以货币为媒介的交易向直接的易货交易转变，实际上是放弃了货币工具的经济效率。恶性的通货膨胀可能会导致一国货币制度和政府的崩溃，历史上的德国便是一个典型的例子。

3. 通货膨胀对国际收支产生不利的影响

因为当某国的通货膨胀率高于其他国家时，其在世界市场上的产品价格会提高，这将削弱该国商品在国际市场的竞争力，从而产生或增加国际收支逆差。

总之，未预计到的通货膨胀是破坏性的，对于能预计到的通货膨胀其利与弊的判断也是不确定的。因此，许多经济学家认为维持物价稳定或控制通货膨胀都是政府主要的政策目标。

思考题

一、选择题

1. 衡量通货膨胀是否出现，以及程度如何，最常用而且应用范围最广的指数是（　　　　）。

    A. 消费者价格指数

    B. 生产者价格指数

    C. 国内生产总值指数

2. 运用 CPI 来衡量通货膨胀的预警值是同比增幅（　　　）。

    A. 2%　　　　　B. 4%　　　　　C. 5%　　　　　D. 8%

二、思考题

1. 什么是通货膨胀，通货膨胀如何衡量？

2. 通货膨胀对我们有何影响？

3. 应该如何治理通货膨胀？

知识链接

菲利普斯曲线的含义

英国经济学家 *A. W.* 菲利普斯（Phillips）（见图 8-8）通过研究 1861～1957 年英国的失业率与货币工资增长率的统计资料，做出了一条表示失业率与工资变动率之间依存关系的曲线，这条曲线就叫被称为菲利普斯曲线。菲利普斯曲线是一条向右下方倾斜的曲线，力图揭示出失业与货币工资的变动之间存在着一种反向关系：当失业率较低时，货币工资趋向上升，当失业率较高时，货币工资趋向下降。菲利普斯曲线如图 8-9 所示。

　　菲利普斯曲线经后凯恩斯主义主流学派的萨缪尔森等人的改造，菲利普斯曲线中的工资变动率，变成为通货膨胀率。萨缪尔森认为，经过他们改造的菲利普斯曲线，可以阐明失业与通货膨胀之间的交替关系。以下所谈的菲利普斯曲线，其含义都是改造过的菲利普斯曲线。菲利普斯曲线是揭示通货膨胀率与失业率之间存在着替换关系的曲线：低水平的失业率，伴随着高水平的通货膨胀率；反之，低水平的通货膨胀率，对应着高水平的失业率。

图 8-8　A. W. 菲利普斯

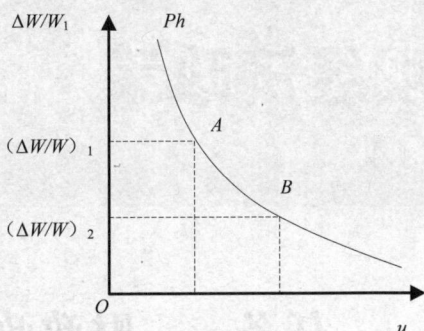

图 8-9　菲利普斯曲线

项目九

宏观经济政策

任务一　财政政策怎样发挥作用

能力目标

- 能够分析现实生活中的财政政策问题

知识目标

- 熟悉财政政策的工具
- 了解内在稳定器
- 掌握扩张性财政政策和紧缩性财政政策

任务引入

为进一步促进证券市场的健康发展，经国务院批准，财政部决定从 2007 年 5 月 30 日起，调整证券(股票)交易印花税税率，由现行 1‰调整为 3‰。即对买卖、继承、赠与所书立的 A 股、B 股股权转让书据，由立据双方当事人分别按 3‰的税率缴纳证券(股票)交易印花税。印花税历年的调整见表 9-1。

表 9-1　2001—2008 年股票交易印花税调整

调整时间	调整幅度
2008 年 4 月 23 日	3‰调整为 1‰

续表

调整时间	调整幅度
2007 年 5 月 30 日	1‰调整为 3‰
2005 年 1 月 23 日	2‰到 1‰
2001 年 11 月 16 日	4‰到 2‰

试问：政府为什么要几年间多次调整股票交易印花税呢？股票交易印花税的高低变化会对社会经济产生什么样的结果？

任务分析

股票交易印花税是国家税收的一个组成部分，而税收既是作为国家财政收入的主要来源之一，又是国家实施其财政政策的一个重要手段。一般情况下，国家可以通过调整税收标准达到宏观调控经济的目的，这里将股票交易印花税由 1‰调整为 3‰，说明国家增加了税收的额度，这是国家财政政策的一种表现。实际上，税收是财政政策的一种工具，除此之外，还有其他类型的财政工具。在现实生活中，国家会出台各种财政政策，通过调整财政政策工具实现宏观调控的目的。

相关知识

一、财政政策的工具

财政政策（fiscal policy）是一个国家的政府为了达到预期的经济目标而对政府收入、政府支出和公债水平所做出的决策，是国家干预经济的主要政策之一。

政府的支出和收入都可以用作财政政策工具，政府的支出主要包括购买性支出和转移支付；政府的收入主要通过税收取得，也可以通过发行公债来向国民借款，如图 9-1 所示。

1. 政府购买支出

（1）政府购买支出的内容

政府购买是政府对商品和劳务的购买，包括购买军需品、警察装备用品、政府机关办公用品、付给政府雇员的酬金、各种公共工程项目的支出等。政府购买大致有从居民那里购买劳务和从企业或公司购买商品两种。可以说，政府购买涉及各种项目，从航空母舰到森林管理人员的薪金，无所不包。由于政府购买发生了商品和劳务的实际交换，直接形成了社会总需求和实际购买力，是国民收入的一个重要组成部分，因此是一种实质性的支出，它的大小是决定国民收入水平的主要因素之一，直接关系到社会总需求的规模。

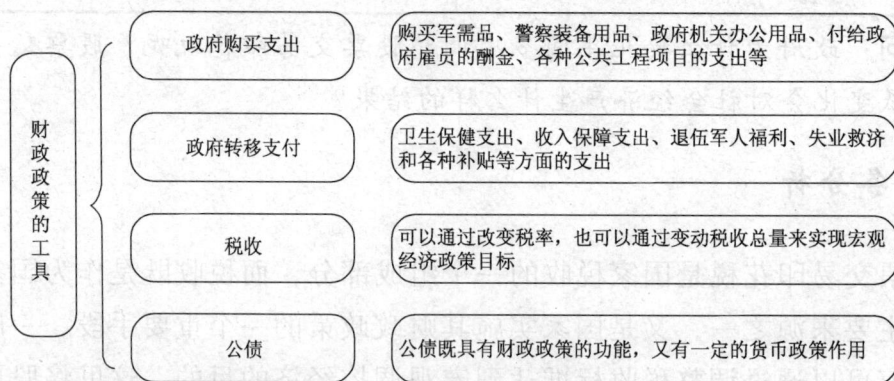

图 9-1　财政政策的工具

（2）政府购买支出的运用

政府购买支出的变动对整个社会总支出水平起着举足轻重的调节作用。当社会总支出水平过低，人们的有效需求不足，存在严重的失业时，政府可以通过增加购买支出，例如兴办学校、增加教育投入、举办公共工程，以增加整个社会的总需求水平，减少失业，同经济衰退进行斗争。相反，当社会总支出水平过高，社会存在超额需求，存在通货膨胀时，政府应该采取减少政府的购买性支出的政策，以降低社会的总体有效需求，抑制通货膨胀，从而使经济达到充分就业的均衡。因此，通过改变政府购买性支出水平是政府财政政策的强有力手段之一，如表 9-2 所示。

表 9-2　政府购买支出的运用

	应用条件	例如	目标
增加政府的购买性支出	有效需求不足，严重的失业	兴办学校、增加教育投入、举办公共工程	增加整个社会的总需求水平，减少失业
减少政府的购买性支出	存在超额需求，通货膨胀	减少办公用品支出、控制公共工程	降低社会的总体有效需求，抑制通货膨胀，达到充分就业

2．政府转移支付

（1）政府转移支付的内容

政府支出的另一部分是转移支付，与政府购买性支出不同，政府转移支付是指政府的社会福利等支出，如卫生保健支出、收入保障支出、退伍军人福利、失业救济和各种补贴等方面的支出。既然转移支付也是政府支出的重要组成部分，政府转移支付的增减对整个社会总支就同样具有重要的调节作用。与政府购买性支出一样，政府转移支付也是一项重要的财政政策工具。

（2）政府转移支付的运用

一般来说，当社会总支出水平不足、社会的有效需求不足、经济社会失业增加时，政府可以通过增加政府的转移支付，提高社会福利水平，使公众手中的可支配收入增加，从而提高人们的消费水平，增加整个社会的有效需求，减少失业；当社会总支出水平过高，有效需求过旺，存在通货膨胀时，政府则应该减少政府的转移支付，降低社会福利水平，使人们的可支配收入减少，降低公众的消费水平，从而使社会的有效需求降低，以制止通货膨胀。总之，通过政府转移支付的变动达到总供给与总需求的均衡，实现经济持续稳定地增长，如表9-3所示。

表9-3　政府转移支付的运用

	应用条件	例如	目标
增加政府转移支付	有效需求不足，严重的失业	增加卫生保健支出、收入保障支出、退伍军人福利、失业救济和各种补贴支出	增加整个社会的有效需求水平，减少失业
减少政府转移支付	存在超额需求，通货膨胀	减少卫生保健支出、收入保障支出、退伍军人福利、失业救济和各种补贴支出	降低社会的总体有效需求，抑制通货膨胀，达到充分就业

3. 税收

（1）税收的内容

税收既是国家财政收入的主要来源之一，又是国家实施其财政政策的一个重要手段，它与政府的购买性支出、政府的转移支付一样，同样具有乘数效应，即政府税收的变动对国民收入的变动具有成倍的作用。在讨论税收乘数时，一般要分清两种情况：一种是税率的变化对国民收入的影响；另一种是税收绝对量的变动对国民收入的影响。因此，税收作为一种财政政策工具，既可以通过改变税率，也可以通过变动税收总量来实现宏观经济政策目标。例如，可以通过一次性减税即变动税收总量来达到刺激社会总需求的目的，还可以通过改变税率使社会总需求得以变动，以此达到预定的目标。

（2）税收的运用

由于改变税率主要是所得税率的变动，一般而言，当税率降低时，会引起税收的减少，个人和企业的消费和投资增加以致整个社会的总需求增加以及国民收入水平的提高。反之，税率的提高，会导致社会总需求的减少和国民收入水平的降低。因此，当经济社会有效需求不足时，一般可采用减税这种扩张性的财政政策抑制经济的衰退，而经济出现需求过旺通货膨胀时，可通过增加税收这种紧缩性的财政政策抑制通货膨胀，如表9-4所示。

表9-4　税收的运用

税率变化	税收收入变化	应用条件	目标
税率提高	税收增加	经济出现需求过旺通货膨胀时	社会总需求减少和国民收入水平降低
税率降低	税收减少	经济社会有效需求不足时	个人和企业的消费和投资增加

4.公债

（1）公债的内容

公债是政府向公众举借的债务，或者说是公众对政府的债权，它是政府财政收入的另一个组成部分。公债是相对于私债而言的，其最大的区别就在于公债的债务人是拥有政治权力的政府。公债与税收不同，公债是以国家（或政府）信用为基础的，是政府以其信用向公众筹集财政资金的特殊形式。

（2）公债的运用

政府发行公债，既可筹集财政资金，弥补财政赤字，又可以通过公债发行及其在资本市场上的流通来影响货币的供需，从而调节社会的总需求水平，对经济产生扩张或抑制性效应。因此，公债也是实现财政政策目标的工具之一。表9-5所示为公债的运用。

表9-5　公债的运用

	应用条件	目标
政府发行公债增加	经济出现需求过旺通货膨胀时	对经济产生抑制性效应
政府发行公债减少	经济社会有效需求不足时	对经济产生扩张性效应

二、内在稳定器

内在稳定器也称为自动稳定器，是经济中一种自动的作用机制，它可以自动地减少由于自发总需求变动而引起的国民收入波动，使经济发展较为平稳。自动稳定器主要是指那些对国民收入水平的变化自动起到缓冲作用的财政调节工具，如政府税收等。它的功能表现在当经济繁荣时自动抑制通货膨胀，在经济出现萧条时自动减轻萧条，而不需要政府采取任何措施。自动稳定器是通过以下几项制度发挥其作用的。

1. 政府税收

税收特别是个人所得税和公司所得税是重要的稳定器。在经济萧条时期，国民收入水平下降，个人收入减少，在税率不变的条件下，政府税收会自动减少，而人们的可支配收入也会因此自动地减少一些，虽然萧条时期的消费和需求有一些下降，但会下降得少一些。例如，在累进税制情况下，由于经济萧条会引起收入的降低，使某些原来属于纳税对象的人下降到纳税水平以下，另外一些人也被降到较低的纳税等级。结果个人缴纳的税因为国民收入水平的降低而减少了，政府税收下降的幅度会超过收入下降的幅度，从而起到抑制经济萧条的作用。反之，在通货膨胀时期，失业率较低，人们收入会自动增加，税收会因个人收入的增加而自动增加，使得个人可支配收入由于税收的增加少增加一些，从而使消费和总需求自动增加得少一些。在实行累进税制情况下，经济的繁荣使人们收入增加，更多的人由于收入的上升自动地进入到较高的纳税等级。政府税收上升的幅度会超过收入上升的幅度，从而使得通货膨胀有所收敛。另外，公司所得税也具有同样的作用。

从表 9-6 中我们可以看到人们收入增加，税收会因个人收入的增加而自动增加，使得个人可支配收入由于税收的增加少增加一些，从而使消费和总需求自动增加得少一些，从而使得通货膨胀有所收敛。反之，人们收入降低，税收会自动地减少，使得个人可支配收入由于税收的减少而减少一些，从而刺激消费。

表 9-6　税收因个人收入增加而增加

项目 月份	一月	二月	三月	应纳个人所得税
工资	9 000 元	12 000 元	7 000 元	475 元
承担住房、养老、医疗、失业保险	1 000 元	1 500 元	800 元	925 元
费用扣除额	2 000 元	2 000 元	1 500 元	280 元

2. 政府转移支付

这里的政府转移支付主要包括政府的失业救济金和其他的社会福利支出。在经济出现衰退和萧条时期，由于失业人数增加，符合领取失业救济金的人数相应增加，政府转移支付会自动增加，使得人们的可支配收入会增加一些，这就可以抑制经济萧条，促使人们收入增加而使个人消费和总需求的增加，起到促进经济增长的作用。反之，当经济过热产生通货膨胀时，由于失业率降低，符合领取失业救济金和各种补贴的人数减少，政府的这笔支出会因此自动地减少，从而自动地抑制可支配收入的增加，使消费和总支出减少，内在稳定器在一定程度上可以起到降温和遏制通货膨胀的作用。

3. 农产品价格维持制度

经济萧条时期，国民收入水平下降导致价格水平会降低，农产品价格也将下降，政府为了抑制经济的衰退，依照农产品价格维持制度，按支持价格收购农产品，使农民收入和消费维持在一定水平上，不会因国民收入水平的降低而减少太多，也起到刺激消费和总需求的作用。当经济繁荣时，由于国民收入水平提高使整体价格水平上升，农产品价格也因此上升，这时政府减少对农产品的收购并售出库存的农产品，平抑农产品价格，无形中抑制了农民收入的增加，从而降低了消费和总需求水平，起到抑制通货膨胀的作用。

总之，税收、政府转移支付的自动变动和农产品的价格维持制度在一定程度上对宏观经济运行起到了稳定的作用，成为财政制度的内在稳定器和防止经济大幅度波动的第一道防线。各种自动稳定器一直都在起减轻经济波动的作用，但效果有限。

三、扩张性财政政策与紧缩性财政政策

1. 扩张性财政政策

扩张性财政政策即增加政府支出、减少政府税收或二者双管齐下，以刺激总需求，解决衰退和失业问题。扩张性财政政策主要通过减税、增支进而扩大赤字的方式实现。当经济处于萧条状态时，失业增加，价格水平下降，政府则应采取扩张性的财政政策，扩大财政支出，减少财政收入，从而刺激总需求。

2. 紧缩性财政政策

紧缩性财政政策即减少政府支出、增加政府税收或二者双管齐下，以抑制总需求，解决通货膨胀问题。紧缩性财政政策主要通过增税、减支进而压缩赤字或增加盈余的方式实现。当经济处于繁荣状态时，总支出大于总收入，就业增加，通货膨胀率过高时，政府应当采取紧缩性财政政策，压缩财政支出，增加财政收入，从而抑制总需求。

3. 相机抉择的财政政策

相机抉择的财政政策，也称能动的财政政策，是指政府根据经济运行的状况逆经济风向采取的变动财政支出和财政收入水平的政策。

究竟什么时候采取扩张性的财政，什么时候采取紧缩性财政政策，应当由政府根据经济发展的形势加以分析权衡，斟酌使用。即当总需求小于总供给产生衰退和失业时，政府应采取刺激总需求的扩张性财政措施；当总需求小于总供给产生通货膨胀时，政府应采取抑制总需求的紧缩性财政措施。简言之，就是要"逆经济风向行事"。

在需求不足导致的经济增长乏力甚至经济萎缩时，市场经济国家一般采用两大调控手段：相对宽松的财政政策和货币政策。一般来说，在经济的扩张阶段，运用宽松的货币政策对经济总量的调节作用比较明显，可以直接促进经济的增长；而在经济相对收缩阶段，扩张的货币政策对经济的刺激作用则比较微弱。而财政政策由于能直接扩大社会需求，不需要中间传导过程，时滞短，对经济增长拉动作用较为明显。

例如，2009 年下半年，党中央、国务院审时度势，决定实施积极的财政政策，并与货币政策相配合，以刺激国内需求，拉动经济增长。具体措施包括：

一是向国有商业银行增发 1 000 亿元国债，专项用于基础设施建设，进行反周期调节。基础设施建设投资的扩大，不仅有效地刺激了国内需求，也为调整经济结构，实现经济长期稳定发展创造了有利的条件。

二是向国有独资商业银行发行 2 700 亿元的特别国债，专项用于补充国有独资商业银行的资本金，使其资本金充足率达到了"巴塞尔协议"和国家商业银行法规定的 8% 的水平，增强了银行防范金融风险的能力，也有利于财政政策与货币政策的协调运作。

三是分批提高纺织原料及制品、纺织机械、煤炭、水泥、钢材、船舶和部分机电、轻工产品的出口退税率，加大"免、抵、退"税收管理办法的执行力度，对一般贸易出口收汇实行了贴息的办法。这些措施对促进外贸企业开拓国际市场、增加出口创汇发挥了积极作用。

四是对国家鼓励发展的外商投资项目和国内投资项目，实行在规定的范围内免征关税和进口环节增值税政策，从而有利于吸引外资和改善投资环境。

五是清理涉及企业的政府性基金和收费，分三批取消不合法、不合理基金。收费共计 727 项，减轻企业负担 370 多亿元。

又如美国总统克林顿政府采取的紧缩性财政政策的实施。

克林顿上台伊始，实施以增加经济增长潜力与削减非生产性支出同时并举为特征的结构性财政政策，大刀阔斧地展开以减少财政赤字为核心的振兴经济计划，将公共支出和私人开支的重点从消费转向投资，并支持对未来美国人的就业和收入进行投资的计划，同时增税节支，提高效率。

在减少财政开支的同时，政府增加了对交通、通信为主的基础设施的投资，为私人资本投资创造了良好的投资环境，政府还加大了对教育和技术的投入，推动经济转型。政府把提高美国的技术竞争力放到政府的议事日程上，并且出台了一系列措施，如增加科技研究和开发经费。

紧缩性的财政政策效果明显。1992 年财政赤字为最高记录，达 2900 亿美元，1997 年的财政赤字已经降至 23 年的最低点，为 220 亿美元，1998 年美国出现 29 年来的首次联邦财政盈余，约 630 亿美元。财政赤字的减少，用加了市场的资本供应量，促进了长期利率下降并保持较低水平，从而刺激了企业投资和生产的扩大。同时政府对高新技术产业的财政支持和税收优惠，对高新技术产业的发展起到了巨大的推动作用，促进了产业结构的升级，提高了劳动生产率，带动了经济持续增长，并使美国经济在发达国家中保持领先地位。

四、宏观经济政策的目标

宏观经济政策是指国家或政府为了增进整个社会经济福利、改进国民经济的运行状况、达到一定的政策目标而有意识和有计划地运用一定的政策工具而制定的解决经济问题的指导原则和措施。

宏观经济政策就是为了实现一定的经济政策目标而制定的。宏观经济政策目标是指宏观经济政策最终所要达到的目的。宏观经济政策的目标主要包括充分就业、物价稳定、经济增长和国际收支平衡四大目标。

1. 充分就业

充分就业是宏观经济政策的首要目标。它一般指一切生产要素（包含劳动）都有机会以自己愿意的报酬参加生产的状态。但是由于测量各种经济资源的就业程度非常困难，因此西方经济学家通常以失业情况作为衡量充分就业与否定尺度。

《2010 年：中国经济形势分析与预测》蓝皮书预计，今年我国全年城镇新增就业人数有望达到上年水平，即在 1100 万人以上。今年大学毕业生的就业情况好于预期；但根据调查，受市场不景气的影响，大学毕业生初职的平均工资水平明显下降，过去的一些高校热门专业大学毕业生就业反而出现较大困难。

2．物价稳定

物价稳定是宏观经济政策的第二个目标。物价稳定就是避免或减少通货膨胀，但并不是通货膨胀率为零。物价稳定是指整体物价总水平的稳定。在任何一个经济社会中，由于各种经济和非经济因素的影响，物价不可能保持在一个固定不变的水平上，一般来说，随着经济的发展会或多或少地有一些或高或低的通货膨胀，因此，物价稳定并不意味着每种商品和劳务的价格固定不变。

对市场的调控，历来有两种，一是政府"有形的手"，二是市场"无形的手"。一般情况下，政府"有形的手"，往往是结合市场"无形的手"共同起作用的。以目前国家对猪肉的调控为例，政府出台鼓励政策，加大财政扶持力度，如母猪保险、免费免疫等，无一不是利用政府"有形的手"，来刺激生产，最终让市场"无形的手"起作用，从而让价格自然回落。

3．经济增长

经济增长是指一个经济社会在一定时期内（通常为一年）所生产的商品和劳务即产量或收入的增加，通常用一定时期内实际年均 GDP 或年人均 GDP 来衡量。

在经过近 30 年的改革开放以后，我国已经实现了从经济增长的 A 阶段到 B 阶段的飞跃。1978 年～2006 年，我国 GDP 实现了年均 9.7% 的高速增长。但我国以人均水平衡量的经济规模还比较小，人均 GDP 远远低于发达国家。这说明，我国目前正处在经济规模相对较小、但经济增长速度较快的 B 阶段，见图 9-2 经济

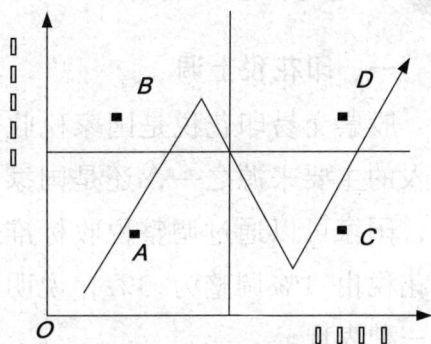

图 9-2　经济增长阶段

189

增长阶段。

从 2002 年中国财政收入不足 2 万亿元，到 2006 年接近 4 万亿元，2007 年，中国财政收入创纪录地达约 5.1 万亿元，2008 年达 61 316.9 亿元，突破了 6 万亿元，2009 年达 68 477 亿元，创本世纪新高。

4. 国际收支平衡

国际收支平衡是指既无国际收支赤字又无国际收支盈余。从长期看，一国的国际收支状况无论是赤字还是盈余对一国经济的稳定发展都会产生不利的影响，会对其他宏观经济目标的实现造成障碍。具体说来，若国际收支长期处于盈余状态，会减少国内消费与投资，使社会总需求减少，不利于实现充分就业和经济持续稳定地增长；如果出现长期的国际收支赤字，赤字将由外汇储备或通过对外举债偿还，必将导致国内通货膨胀的发生。

从长期来看，这四个宏观经济目标之间是相互促进的。经济增长是充分就业、物价稳定和国际收支平衡的物质基础；物价稳定又是经济持续稳定增长的前提；国际收支平衡有利于国内物价的稳定，有利于利用国际资源扩大本国的生产能力，加速本国经济的增长；充分就业本身就意味着资源的充分利用，这当然会促进本国经济的增长。但是，在短期中，从迄今为止的各国宏观经济政策实践来看，这几个目标之间并不总是一致的，而是相互之间存在着矛盾。

经济政策之间的矛盾给制定宏观经济政策带来了一定的困难，但宏观经济政策是为了全面实现这四个宏观经济目标，而不仅仅是要达到其中某一、两个目标，这样，就需要考虑各种因素来对各种政策目标进行协调。

➲ 任务实施

一、印花税上调

股票交易印花税是国家税收的一个组成部分，而税收除了作为国家财政收入的主要来源之一，还是国家实施其财政政策的一个重要手段。一般情况下，国家可以通过调整税收标准达到宏观调控经济的目的，这里将股票交易印花税由 1‰调整为 3‰，说明国家增加了税收的额度，这是国家财政政策的一种表现。

从印花税这个独立事件来看，应该考虑到我们的股票市场所处的环境和背景以及我们的监管层想达到的效果。当时股票市场过热，投机炒作气氛很浓。作为监管层想让这个市场长期、健康、稳定地发展，作为长期、稳定、健康的发展，一个重要的因素就是要抑制短期炒风。短期炒风抑制的话有一个立竿见影的效果，就是提高交易成本，起到调控股市的作用。印花税很明显从过去 1‰调整为 3‰，双边就是 6‰，交易成本就相当高，从管理层的政策来看，管理层想达到的效果，让更多的长期投资者，因为这个政策对长期投资者影响不会太大，对频繁操作的短期投资者影响比较大。提高印花税的主观目的是想抑制市场的过渡投机，是市场保持持续稳定的发展。

股票交易印花税由 1‰调整为 3‰，必然会引起税收的增加，个人和企业的消费和投资减少，以致整个社会的总需求减少以及国民收入水平的减少。

当经济热的时候增加税收，而经济冷的时候降低税收，符合税收工具调控宏观经济的自身职能。在市场好的时候提高印花税率，而当市场不好的时候相应降低，这符合税收工具的使用方式，也符合政策调控经济的职能。

二、印花税下调

2008 年 4 月 23 日将印花税由 3‰调整为 1‰，一方面是鉴于全球证券交易普遍实行低税赋的潮流，另一方面主要是由于 2007 年 5 月份上调股票交易印花税税率后，股市估值水平渐趋合理，但是市场缺乏信心。2008 年初出现了市场低潮，自 2007 年 10 月以来，上证综指从 6124 点一路跌至近日的 3000 点左右，其跌幅之快、之深为十余年来罕见。仅今年一季度，上证综指跌幅就达 34%，许多大盘股跌破发行价。股市每日交易量也从高峰时的 3000 多亿元降至如今的 1000 亿元左右。在这个时点上降低股票交易成本，有助于提升投资者信心，稳定投资者预期。

调低印花税率会减少交易成本，可以增加股市的活跃程度。从这个意义上看，调低印花税可以引导投资者增加交易频率，从而减少持股时间，促进股市的发展。

因此，政府几年间多次调整股票交易印花税是国家实施其财政政策的一个重要手段，国家条件通过出台各种财政政策，通过调整财政政策工具实现其充分就业、经济增长、物价稳定和国际收支平衡的宏观调控目的。

📠 **思考题**

一、选择题

1. （　　　）即增加政府支出、减少政府税收或二者双管齐下，以刺激总需求，解决衰退和失业问题。

　　A. 扩张性财政政策　　　　　　　　B. 紧缩性财政政策

　　C. 相机抉择的财政政策　　　　　　D. 内在稳定器

2. （　　　）即减少政府支出、增加政府税收或二者双管齐下，以抑制总需求，解决通货膨胀问题。

　　A. 扩张性财政政策　　　　　　　　B. 紧缩性财政政策

　　C. 相关抉择的财政政策　　　　　　D. 内在稳定器

二、思考题

1. 财政政策工具有哪些？

2. 扩张性财政政策在何种情况下使用？

3. 宏观经济政策的目标主要包括哪些？

🏠 **知识链接**

一、税收

税收是个人和企业不能等价交换商品和服务而向政府的非自愿的支付。在政府的收入中，税收是最主要的部分。国家财政收入的增长，在很大程度上源自于税收收入的增长。税收依据不同的标准可以进行不同的分类。

1. 根据课税对象的不同，税收可以分为：财产税、所得税和流转税三类。财产税是指对纳税人的动产和不动产课征的税收。许多国家对财产的赠予或继承征税，有些国家还对纳税人的净财产（资产减去负债）征税，称之为个人财产税。所得税是对个人和公司赚取的所得课征的税收。在西方政府税收中，所得税占有的比例较大，因此，其税率的变动对社会经济生活会产生巨大的影响。流转税是对流通中的商品和劳务的交易额课征的税收。增值税是其中主要的税种之一。

2. 根据收入中被扣除的比例，税收可分为累退税、累进税和比例税。累退税是指税率随征税客体总量增加而递减的一种税。比例税是税率不随征税客体总量变动而变动的一种税，即按一个统一的税率比例从收入中征收，多适用于流转税和财产税。累进税是税率随征税客体总量增加而增加的一种税。西方国家的所得税大部分属于累进税。

这三种类型的税通过税率的变动反映了赋税的负担轻重和税收总量的关系，因此，税率的高低以及变动的方向对经济活动如个人收入和消费、企业投资、社会总需求等都会产生极大的影响。

二、印花税

印花税是对经济活动和经济交往中书立、领受的凭证征收的一种税。印花税的征税对象是《印花税暂行条例》所列举的各种凭证，由凭证的书立、领受人缴纳，是一种兼有行为性质的凭证税。印花税具有征收面广，税负轻，由纳税人自行购买并粘贴印花税票完成纳税义务等特点。

经济生活中的各种商事凭证、权利证照、会计账簿种类繁多，究竟对哪些凭证征税呢?《印花税暂行条例》中已明确地做了列举，没有列举的则不征税。应纳税凭证的具体范围有五大类：购销、加工承揽、建设工程承包、财产租赁、货物运输、仓储保管、借款、财产保险，技术等合同或者具有合同性质的凭证；产权转移书据，包括财产所有权和版权、商标专用权、专利权、专有技术使用权等转移书据；营业账簿，包括单位和个人从事生产经营活动所设立的各种账册；权利许可证照，包括房屋产权证、工商营业执照、商标注册证、专利证、土地使用证；经财政部确定征税的其他凭证。

由于目前同一性质的凭证名称各异，不够统一，因此，对不论以任何形式或名称书立，只要其性质属于条例中列举的征税范围的，均应照章征税。有些业务部门将货物运输、仓储保管、银行借款、财产保险等单据作为合同使用的，亦应按照合同凭证纳税。

任务二 货币政策怎样发挥作用

能力目标
- 能够分析现实生活中的货币政策问题

知识目标
- 掌握货币政策的工具
- 熟悉货币政策的目标

- 了解货币创造机制
- 掌握货币政策的传导

任务引入

2008 年 6 月 7 日央行宣布上调存款类金融机构人民币存款准备金率 1 个百分点，于 2008 年 6 月 15 日和 25 日分别按 0.5 个百分点缴款。这是央行 2008 年第 5 次动用这一货币政策工具，也是自 2007 年以来第 15 次上调存款准备金率。这次调整后，普通存款类金融机构将执行 17.5% 的存款准备金率标准。存款准备金率的历次调整见表 9-7。

表 9-7　2006—2008 年存款准备金率调整

次数	时间	调整前	调整后	幅度
18	08 年 6 月 25 日	17%	17.5%	0.5%
	08 年 6 月 15 日	16.5%	17%	0.5%
17	08 年 5 月 20 日	16%	16.5%	0.5%
16	08 年 4 月 25 日	15.5%	16%	0.5%
15	08 年 3 月 25 日	15%	15.5%	0.5%
14	08 年 01 月 25 日	14.5%	15%	0.5%
13	07 年 12 月 08 日	13.5%	14.5%	1%
12	07 年 11 月 26 日	13%	13.5%	0.5%
11	07 年 10 月 25 日	12.5%	13%	0.5%
10	07 年 09 月 25 日	12%	12.5%	0.5%
9	07 年 08 月 15 日	11.5%	12%	0.5%
8	07 年 06 月 5 日	11.%	11.5%	0.5%
7	07 年 05 月 15 日	10.5%	11.%	0.5%
6	07 年 04 月 16 日	10%	10.5%	0.5%
5	07 年 02 月 25 日	9.5%	10%	0.5%
4	07 年 01 月 15 日	9%	9.5%	0.5%
3	06 年 11 月 15 日	8.5%	9%	0.5%
2	06 年 08 月 15 日	8%	8.5%	0.5%
1	06 年 07 月 05 日	7.5%	8%	0.5%

试问：央行为什么要多次调整存款准备金率？存款准备金率的高低变化会产生什么样的经济影响？

任务分析

存款准备金是限制金融机构信贷扩张和保证客户提取存款和资金清算需要而准备的资金。一般地，存款准备金率上升和利率上升，都是金融紧缩政策的信号。存款准备金率是针对银行等金融机构的，对最终客户的影响是间接的。利率是针对最终客户的，影响是直接的。2007 年和 2008 年连续上调存款准备金率，说明了国家实行的是紧缩性的货币政策，目的是控制通货膨胀，抑制投资的进一步增长。在现实生活中，国家会针对不同情况，通过存款准备金率和其他的货币政策工具来达到调控宏观经济的目的。

相关知识

一、中央银行的货币政策工具

一国的中央银行运用货币政策工具来控制货币供给量，再通过货币供给量来调节利率进而影响消费与投资和整个宏观经济活动以达到一定经济目标的行为就是货币政策。常见的货币政策工具主要有法定准备率、贴现率和公开市场操作，如图 9-3 所示。

1. 法定准备率

（1）法定准备率的概念

图 9-3　货币政策工具

法定准备率是银行根据规定要求持有的准备金占存款的比率。它是中央银行控制货币供给量的有力工具。

（2）法定准备率的运用

由于法定准备率变动与市场上货币供给量的变动呈反比例关系，因此，中央银行可以针对经济的繁荣与衰退以及银根的松紧状况调整法定准备率。例如在经济处于需求不足和经济衰退的情况下，如果中央银行认为需要增加货币供给量，就可以降低法定准备率，使所有的存款机构对存款只要求保留较少的准备金，在货币创造乘数的作用下，整个货币市场上的货币供给量会多倍的增加。降低法定准备率，实际上是增加了银行的可贷款数量。当然，提高法定准备率，就等于减少了银行的可贷款数量。从理论上讲，变动法定

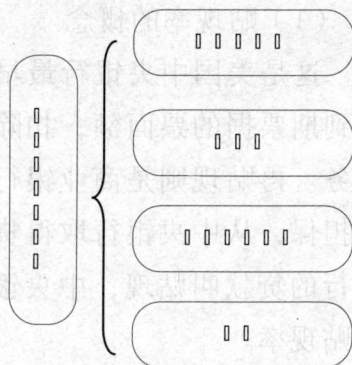

195

准备率是中央银行调整货币供给量的一种最简单的手段。然而，中央银行一般不轻易使用法定准备率这一政策工具，原因在于银行与金融体系、信贷、存款量、准备金量之间存在着乘数放大的关系，而乘数的大小与法定准备率成反比，因此，即使法定准备率的一个很微小的变化，都会对金融市场和信贷状况产生强烈的影响，见表9-8。

表9-8　法定准备率的运用

应用条件	法定准备率	目标
需求不足和经济衰退	降低法定准备率	存款机构对存款只要求保留较少的准备金，增加了银行的可贷款数量，整个货币市场上的货币供给量会多倍的增加
超额需求和通货膨胀	提高法定准备率	存款机构对存款只要求保留较多的准备金，增加了银行的可贷款数量，整个货币市场上的货币供给量会多倍的减少

2.贴现率

（1）贴现率的概念

这是美国中央银行最早运用的货币政策工具。过去，贴现就是银行根据未到期票据的票面额，扣除一定的利息后把票面余额付给持票人的一种放款业务。再贴现则是商业银行持已办理过贴现的、具有清偿能力的商业票据作为担保，从中央银行取得贷款的一种借款方式。现在，都把中央银行给商业银行的贷款叫贴现，中央银行向商业银行及其他金融机构提供贷款的利率就是贴现率。

（2）贴现率的运用

贴现政策的作用，主要是掌握贷款条件的松紧程度和影响信贷的成本。当中央银行提高贴现率时，意味着商业银行向中央银行贷款的成本增加，将减少商业银行向中央银行贷款的需求，造成货币市场信贷规模收缩，在货币创造乘数的作用下，使货币供给量多倍地减少；当降低贴现率时，商业银行向中央银行贷款的成本就会降低，会激励商业银行向中央银行贷款的需求，出现市场信用扩张，在同样货币创造乘数的作用下，货币供给量会多倍增加。中央银行调整贴现率，不仅直接影响到商业银行的筹资成本，同时还间接地影响到商业银行对企业和个人发放贷款的数量，从而对企业和个人的投资与消费的经济活动产生影响。

贴现率对货币供给的影响机制大体可概括为：贴现率上升，商业银行向中央银行的贷款轻微下降，货币供给量有所减少；贴现率下降，商业银行向中央银行贷款有所上升，货币供给量将增加。贴现率的变动与货币供给量的变动成反比关系，同市场利率的变动成正比关系，见表9-9。

表 9-9　贴现率的运用

应用条件	贴现率	目标
超额需求和通货膨胀	提高贴现率	贷款成本增加，货币市场信贷规模收缩，货币供给量多倍地减少
需求不足和经济衰退	降低贴现率	贷款的成本降低，货币市场信用扩张，货币供给量会多倍增加

3. 公开市场操作

（1）公开市场操作的概念

公开市场操作（open market operations）是指中央银行通过在金融市场上公开买卖政府债券，以控制货币供给量、影响利率、消费与投资即总需求而最终达到预定的经济目标的政策行为。这是当代西方国家特别是美国中央银行控制货币供给量最重要也是最常用的政策工具。

（2）公开市场操作的运用

中央银行买入政府债券，等于减少了市场上的债券数量，这会使债券价格上升，利率下降，公众才会愿意增加货币的持有量而减少政府债券的持有量，势必导致货币供给量增加。例如，当经济形势的发展使中央银行认为有收缩银根的必要时，它在公开市场上出售政府债券，这一行动首先减少银行系统的基础货币（包括银行的存款准备金和公众手持的现金），同时通过银行系统的存款创造，导致货币供给量的多倍收缩；与此同时，由于政府出售债券，债券价格因供给量过大而下降，利率上升，企业投资降低，公众储蓄增加而消费降低，最终导致总需求降低，遏制经济的过热现象，降低通货膨胀率。反之，若经济出现萧条，失业问题严重，中央银行认为有放松银根的必要，就在公开市场中买进政府债券，增加基础货币，通过银行系统的存款创造，引起货币供给量的多倍扩张和利率的下降，使企业投资和公众消费增加，提高总需求水平，制止经济的衰退，减少失业。

公开市场业务在西方国家被认为是最有效、最灵活的货币政策工具，也是最常使用的货币政策工具，见表9-10。

表 9-10　公开市场操作的运用

应用条件	操作	目标
超额需求 和通货膨胀	在公开市场上出售政府债券	货币供给量的多倍收缩，利率上升，企业投资降低和公众消费降低
需求不足 和经济衰退	在公开市场中买进政府债券	货币供给量的多倍扩张，利率下降，企业投资和公众消费增加

4. 其他工具

货币政策除上述三种主要工具外，还有其他一些工具，像道义劝告、借款垫头规定、指令性贷款指标等。

道义劝告是指中央银行运用其在金融体系中的特殊地位和威望，通过对商业银行及其金融机构劝告，指导其行动，影响其贷款和投资的方向，达到中央银行控制信用的目的。虽然道义上的劝告没有可靠的法律地位，但由于商业银行和金融机构摄于中央银行的权力，惧怕搞坏同中央银行的关系，一般也能听从中央银行的指令，从而使商业银行及金融机构与中央银行不仅在政策上而且在行动上保持一致。

二、货币政策目标

1. 最终目标

最终目标也称政策变量，是政府实施货币政策所要影响的变量，实际上也是政府实施货币政的最终目标，一般地说，货币政策的最终目标是影响实际国民生产总值（GNP）和价格水平。

2. 中间目标

（1）中间目标的含义

中间目标处于最终目标和政策工具之间，它是中央银行为实现最终目标而设置的可供观测和调整的指标。

（2）运用中间目标的理由

中央银行之所以要设置中间目标是因为当其决定使用政策工具时，不能确切预知政策变量正在或将会发生什么样的变化。具体地说从政府决策到政策工具发生作用影响最终目标要经过一段"时滞"，这个时间差少则几个月，多则一年以上，在这段时间内解决形势可能会发生变化，政策变量也会因此改变，如果这时再改变政策工具已经没有意义，政府苦心制定和实施的经济政策难以奏效。要使货币政策发挥应有的效力，实现其最终目标，政府必须找到一些在政策工具最终影响最终目标以前可供观察和控制的变量，这些变量能够在短期内显现出来并与货币政策的最终目标高度相关，这些变量就是中间目标。

（3）中间目标的条件

适合的中间目标必须符合两个条件：第一，变量的有关信息及时、灵活，具有良好的可控性；第二，变量的变动必须和政策变量具有高度相关性，通过变量的变化可以预期政策变量的变化。最符合这两项条件并且普遍被采用的中间目标是货币供给和利率。

三、商业银行的货币创造

银行体系如何创造货币的过程可由表 9-11 来说明。假定每位贷款人取得贷款后，会全数存在其支票存款账户中以供临时领用，银行的法定存款准备率为 α，即 $0 < \alpha < 1$，银行只承作存、放款。假设每一个人有其自己对应的银行往来账户，某甲在 A 银行有账户，某乙在 B 银行有账户。如果一开始甲有 10 000 元，存入 A 银行，故 A 银行存款增加 10 000 元，准备金留下 $10\,000 \times \alpha$，A 银行乃将剩余 $10\,000 \times (1-\alpha)$ 贷放出去如给乙；乙将所得 $10\,000 \times (1-\alpha)$ 存入 B 银行，以供随时领用，故 B 银行存款增加 $10\,000 \times (1-\alpha)$，留下准备金 $10\,000 \times (1-\alpha) \times \alpha$，再将 $10\,000 \times (1-\alpha)^2$ 贷出去给丙，丙将所贷得 $10\,000 \times (1-\alpha)^2$ 存入 C 银行存款增加 $10\,000 \times (1-\alpha)^2$，留下准备金 $10\,000 \times (1-\alpha)^2 \times \alpha$，再将所剩余 $10\,000 \times (1-\alpha)^3$，贷给丁……如此延续下去。故银行体系的总存款会因各银行存款增加而增加。

银行体系的总货币创造额

$=A$ 银行存款增加$+B$ 银行存款增加$+C$ 银行存款增加$+……$

$=10\,000+10\,000 \times (1-\alpha)+10\,000 \times (1-\alpha)^2+10\,000 \times (1-\alpha)^3+……$

$=10\,000 \times \dfrac{1}{1-(1-\alpha)}$

$=10\,000 \times \dfrac{1}{\alpha}$

因为法定存款准备率 α 小于 1，所以原来的 10 000 元在经过银行体系的中介媒介后可创造出 $10\,000 \times \dfrac{1}{\alpha}$，共增加了 $\dfrac{1}{\alpha}$ 倍。若 $\alpha = 0.2$，则银行体系会创造出 5 倍的货币数量。因此银行体系有创造货币的功能，而主要原因来自于存款准备金制度，当存款准备率越小，则货币创造的倍数也越大。

表 9-11 银行体系创造货币的过程

个人＼银行	A	B	C	……
甲	存 10 000 ↓贷			
乙	10 000×(1−α)	存 10 000×(1−α) ↓贷		
丙		10 000×(1−α)²	存 10 000×(1−α)² ↓贷	
……			10 000×(1−α)³	……

银行体系总存款=10 000+10 000×(1−α)+ 10 000×(1−α)²+10 000×(1−α)³+……=10 000×$\frac{1}{\alpha}$

四、货币传导机制

货币政策主要是通过对货币供给量的调节来调解利息率，再通过利息率的变动来影响总需求。这样，凯恩斯主义货币政策的机制就是：

货币量——利率——总需求

在这种货币政策中，政策的直接目标是利率，利率的变动通过货币量的调节来实现，所以调节货币量是手段。调节利率的目的是要调节总需求，所以总需求变动是政策的最终目标。

要了解货币政策的传导机制就必须弄清楚两个问题：一是货币量如何影响利率；二是利率如何影响总需求。

根据凯恩斯主义的观点，货币量之所以可以调节利息率是以人们的财富只有货币与债券这两种形式的假设为前提的。在这一假设之下，债券是货币的唯一替代物，人们在保存财富时只能在货币与债券之间做出选择。持有货币无风险，但也没有收益；持有债券有收益，但也有风险。人们在保存财富时总要使货币与债券之间保持一定的比例。如果货币供给量增加，人们就要以货币购买债券，债券的价格就上升；反之，如果货币供给量减少，人们就要抛出债券以换取货币，债券的价格就会下降。根据下列公式：

$$债券价格 = \frac{债券收益}{利息率}$$

这就是说，债券价格与债券收益的大小成正比，与利息率的高低成反比。因此，货币量增加，债券价格上升，利息率就会下降；反之，货币量减少，债券价格下降，利息率就会上升。

利息率的变动会影响总需求，因为利息率的变动首先要影响投资。利息率下降会降低投资者贷款所付的利息，从而降低投资成本，增加投资的收益。同时，利息率的下降也会使人们更多地购买股票，从而股票价格上升，而股票价格上升有利于投资。此外，利息率的下降也会鼓励人们更多地消费。相反，利息率的上升就会减少投资和消费。

任务实施

在银行体系的创造货币的功能中，当存款准备率越大，则货币创造的倍数也越小。所以央行要通过调高存款准备金率来减少货币创造的倍数。通过减少货币供给量来提高利息率，从而来影响总需求，实现抑制经济过热，投资过热的现象。反之，央行也会通过调低存款准备金来刺激经济发展。

一、根据商业银行的货币创造

根据银行体系的总货币创造额＝基础货币额×$\dfrac{1}{\alpha}$

1. 法定准备金率调整前为 11.0%

$$总货币创造额 = 10\,000 \times \frac{1}{0.11} = 90\,909.09\ 元$$

即增发 10 000 元基础货币创造出 90 909.09 元的货币供给量。

2. 法定准备金率调整后为 11.5%

$$总货币创造额 = 10\,000 \times \frac{1}{0.115} = 86\,956.52\ 元$$

即增发 10 000 元基础货币创造出 86 956.52 元的货币供给量。

3. 调高法定准备金率 0.5%的影响

调高法定准备金率 0.5%，使货币供给量减少了 90 909.09−86 956.52 =3952.57 元。银行体系的创造货币的功能中，当存款准备率越大，则货币创造的倍数也越小。

二、根据货币传导机制

货币政策主要是通过对货币供给量的调节来调节利息率，再通过利息率的变动来影响总需求。货币供给的减少，使得利率上升，投资者贷款所付的利息增加，从而增加了投资成本，减少投资的收益。同时，利息率的上升也会使人们减少购买股票，从而股票价格下降，而股票价格下降不利于投资。此外，利息率的上升也会抑制人们更多地消费。

三、根据货币政策目标

货币供给和利率是处于最终目标和政策工具之间的最合适的中间目标。政府通过对可供观测和调整的指标货币供给量和利率的调节，要使货币政策发挥应有的效力，实现其最终目标，即影响实际国民生产总值（GNP）和价格水平。

从宏观经济方面看，近期大家都认为流通领域的货币太多，市场上货币供应量过大，而提高准备金是央行进行调控的基本货币政策工具，近期多次上调存款准备金利率发出的信号就是要抑制经济过热，投资过热的现象。

四、法定准备金率调低时的分析

当法定准备金率调低时的情况与法定准备金率调高的情况正好相反，是国家处在经济萧条时期促进投资，鼓励居民消费的一种宏观调控手段。

思考题

一、选择题

1. 常见的货币政策工具主要有（　　　　）、贴现率和公开市场操作三种主要工具外，还有其他一些工具，像道义劝告、借款垫头规定、指令性贷款指标等。

    A. 利率　　　　　　　　　　　B. 税收

    C. 货币供给　　　　　　　　　D. 法定准备率

2. （　　　　）在西方国家被认为是最有效、最灵活的货币政策工具，也是最常使用的货币政策工具。

    A. 公开市场业务　　　　　　　B. 贴现率

    C. 法定准备率　　　　　　　　D. 道义劝告

二、思考题

1. 货币政策工具有哪几种？
2. 货币政策的传导机制是什么？

知识链接

一、货币的职能

货币的职能也就是货币在人们经济生活中所起的作用。在发达的商品经济条件下，货币具有价值尺度、流通手段、贮藏手段、支付手段和世界货币五种职能。其中，价值尺度和流通手段是货币的基本职能，其他三种职能是在商品经济发展中陆续出现的。

（1）货币作为价值尺度，就是货币以自己为尺度来表现和衡量其他一切商品的价值。

（2）货币作为流通手段，也就是货币充当商品交换的媒介。我们平常从商品买卖过程中所看到的货币的作用，就是属于这一种，所以这种职能又叫做购买手段。

（3）货币的第三个职能是充当贮藏手段，即可以作为财富的一般代表被人们储存起来。

（4）货币的第四个职能是支付手段。在放债还债、支付工资以及交纳税款等场合，货币就起着这种作用。

（5）货币的最后一种职能是充当世界货币，即在世界市场上发挥作用。

货币的各个职能之间存在着有机的联系，它们共同表现货币作为一般等价物的本质。

二、财政政策和货币政策的混合使用

政府在进行需求管理时，一般根据不同的经济形势和各种政策措施的特点，机动地决定和选择当前一种或几种政策措施，使用宏观财政政策和货币政策相互搭配发挥作用。一般有以下几种搭配。

1. "松松搭配"即扩张性的财政政策与扩张性的货币政策搭配。如在萧条时期，政府可以同时运用减税和扩大政府支出；降低法定准备率、降低贴现率和在公开市场上买进有价证券等措施，双管齐下，更大地刺激总需求，促进通货膨胀，压低失业率。

2. "紧紧搭配"即紧缩性的财政政策与紧缩性的货币政策搭配。如在繁荣时期，政府可以同时运用增税和减少政府开支；提高法定准备率、提高贴现率和在公开市场上卖出有价证券等措施，以便更加有效地抑制总需求，制止通货膨胀。

3. "松紧搭配"即扩张性的财政政策与紧缩性的货币政策搭配，或紧缩性的财政政策与扩张性的货币政策搭配。如政府在压低失业率时，又采取措施防止通货膨胀；政府在制止通货膨胀时，又采取措施防止失业率的剧增。

此外，还应注意对内与对外的经济政策也要协调配合使用。既要注意国内政策对国外政策的影响，也要注意对外政策对国内政策的影响。只有这样，才能同时实现各项宏观经济政策目标。